KB200483

팀 켈러의
탈기독교시대
전도

팀 켈러의 탈기독교시대 전도

지은이 | 팀 켈러
옮긴이 | 장성우
초판 발행 | 2022. 4. 20
14쇄 발행 | 2024. 9. 20
등록번호 | 제1988-000080호
등록된 곳 | 서울시 용산구 서빙고로65길 38
발행처 | 사단법인 두란노서원
영업부 | 2078-3333 FAX | 080-749-3705
출판부 | 2078-3332

책값은 뒤표지에 있습니다.
ISBN 978-89-531-4191-9 03230

독자의 의견을 기다립니다.
tpress@duranno.com   www.duranno.com

두란노서원은 바울 사도가 3차 전도 여행 때 에베소에서 성령 받은 제자들을 따로 세워 하나
님의 말씀으로 양육하던 장소입니다. 사도행전 19장 8-20절의 정신에 따라 첫째 목회자를
돕는 사역과 평신도를 훈련시키는 사역, 둘째 세계선교™와 문서선교 단행본·잡지 사역, 셋째 예
수문화 및 경배와 찬양 사역, 그리고 가정·상담 사역 등을 감당하고 있습니다. 1980년 12월
22일에 창립된 두란노서원은 주님 오실 때까지 이 사역들을 계속할 것입니다.

팀 켈러의
탈기독교시대
전도

팀 켈러 지음　장성우 옮김

두란노

들어가며

기독교의 영향력이 감소하는 세상 속에서

1부

탈기독교시대,
왜 복음 전도가 어려운가

2부

복음 전도의 6가지 접점들

어떻게 세상에
손을 내밀 것인가

3부
주님의 교회는
여전히 위대한 일을
꿈꿀 수 있다

기독교의 영향력이 감소하는
세상 속에서

지난 30년 간 들어온 말이 있다. 서구 사회가 탈기독교(post-Christian) 사회로 변화되고 있으며 교회가 제 역할을 하기 위해서는 그렇게 변화하는 문화에 적응해야 한다는 말이다.

그런데 이러한 비관적인 전망에도, 기독교는 그 힘을 상실하지 않았다. 여전히 북미 지역에는 전통

적인 신앙과 도덕관을 지닌 사람들이 많다. 과거에
성장한 주류 교회들은 쇠퇴했어도 복음주의 교회들
대부분은 건재하다.[1] 그래서 오늘날 미국을 두고도,
탈기독교 사회로 완전히 진입했다기보다 여러 지역
에 걸쳐 기독교의 영향력이 드문드문 분포된 나라
(spotty Christendom)가 되었다고 말하는 편이 더 정
확할지 모른다.

그러나 서구 사회에 미치는 기독교의 영향력이
전반적으로 감소하고 있다는 데는 반론의 여지가 없
다. 모든 세대가 기독교 신앙과 점점 멀어지고 있다.
미국 교회의 3분의 2 이상은 이미 정체기를 맞았거나
쇠퇴하는 중이다.[2]

'종교'는 사회에 유익을 주거나 해를 끼치지 않지
만, '교회'는 해롭고 악할 뿐 아니라 사회 발전에 장애
가 된다고 생각하는 사람들이 점차 많아지고 있다.
성과 젠더에 대해서도 전통적인 기독교가 고수하는
입장은 기본적인 인권을 제한하거나 위협하는 관점
으로 여겨진다.

새로운 접점 마련의
어려움들

이렇듯 서구 문화에 대한 기독교의 영향력이 감소하는 현실을 마주할 때, 우리는 염려하게 된다. 하지만 이러한 때일수록 스스로를 점검하고 기도하며 어떻게 새로운 복음의 접점을 마련하여 그 문화 속에 들어갈 수 있을지 따져 보아야 한다. 그리고 기독교 신앙이 무엇인지 선포하며 그 모델을 보여 주되 주변 사람들이 이해할 만한 방식으로 설득력 있게 그 일을 해야 한다.

이러한 접점을 마련하는 과정에는 늘 비슷한 어려움이 따랐다. 그중 한 가지를 들자면 '영적 교만'이 있다. 조나단 에드워즈(Jonathan Edwards)는 인간의 교만 때문에 부흥이 어떻게 약화되는지 고찰하며, 영적 교만은 기독교인 사이에서 쓸데없이 발생하는 다툼이나 분열 혹은 파벌을 통해 나타난다고 설명했다.[3]

또 다른 어려움으로 혼합주의를 들 수 있다. 이는

사사기에서 볼 수 있듯이 (삿 2:11-15), 기독교인이 자신의 신앙을 그 문화 속에 자리한 우상과 뒤섞어 버릴 때 나타난다. 오늘날 진정한 기독교인이라면 여러 종교를 기웃거리는 실수를 하지는 않을 것이다. 하지만 문화가 만들어 내는 우상의 유혹은 여전하기에 이를 반드시 거부해야 한다. 특히 정치적 권력과 사회적 매력을 약속하는 우상이라면 더욱 주의해야 한다.

이처럼 모든 시대마다 따르는 어려움이 있는가 하면 각 시대가 당면하는 독특한 어려움도 있다. 오늘날의 교회를 살펴보자면, 이전 시대에는 결코 발생하지 않았던 문제를 다루어야 하는 어려움에 처해 있다. 바로 기독교 신앙에 점점 더 적대감을 드러내는 문화를 다루어야 하는 어려움이다. 여기서 말하는 문화란 단지 (중국이나 인도 또는 중동에서 볼 수 있는) 비기독교 문화가 아니라 탈기독교 문화를 의미한다. 그렇다면 이러한 문화 속에서 우리가 직면하는 가장 큰 어려움은 무엇일까?

PART 1

HOW
TO
REACH
THE
WEST
AGAIN

탈기독교시대,
왜 복음 전도가
어려운가

01

역사상 처음으로
신성한 질서를
거부하다

수세기 동안 기독교인들은 다음과 같은 내용을 전제로 하였다. 곧 자신들과 마찬가지로 주변에 있는 모든 사람도 신성한 질서 체계(sacred order)를 믿고 있다고 여겼다. 다시 말해, 초월적이고 초자연적인 세계가 절대적인 도덕의 근거가 될 뿐 아니라 죽음 이후의 삶까지 약속한다는 믿음을 주변의 모든 사람도 가지고 있다고 믿어 왔다.

사람이라면 자신의 감정과 상관없이 따라야 하는 옳고 그름의 기준이 있다는 믿음을 모든 문화가 공유했기 때문이다. 그와 같은 문화에서는 객관적인 죄악이나 그에 대한 책임이 실제로 존재한다고 믿었을 뿐 아니라, 인간이 가진 문제는 자신만을 위해 살아가지 않고 신성한 질서를 따를 때 비로소 해결된다는 믿음을 가졌다.

물론 이슬람교도나 힌두교도 또는 불교도나 애니미즘 신봉자였다면, 기독교인이 설명하는 신성한 질서에 대해서는 강하게 반대했을 것이다. 하지만 그러한 질서 자체가 존재하며 거기에 이를 수 있는 길을 인간이 찾아야 한다는 데는 모두가 동의할 수밖에 없었다.

탈기독교 사회와
복음 전도의 어려움

그런데 후기 현대 사회로 들어서며 역사상 처음으로 신성한 질서를 거부하는 문화가 형성되었다('후기 현대'로 번역된 'late-modern'이라는 표현은 원서에서 엄밀한 정의를 수반하지 않고 현시대를 가리키기 위해 줄곧 사용된다. 이는 'post-modern'과 비교할 때 시대적 구분보다는 특징적 구분을 가진 개념으로 널리 사용되고 있다-역주). 그래서 이제는 개인의 자유라는 명분을 내세우며 인간이 순응해야 할 초월적 세계란 존재하지 않는다고 선언하기에 이르렀다. 또 우리 스스로가 가치관을 정하고 인생의 의미를 만들어야 한다고 주장한다. 따라서 학문과 예술 혹은 연예 분야를 막론하고 '신성한' 영역이란 오직 인간의 내면에서만 발견된다는 가르침이 전파되고 있다.

만일 오늘날 문화에서 준수해야 할 절대적인 도덕이 있다면, 바로 절대적인 도덕이 있다는 말은 하지 '말아야 한다'는 도덕일 것이다. 그러한 말은 사람들을 억압하고 자유를 제한한다고 여겨지기 때문이다.

분명 과거에는 신성한 질서에 대한 믿음을 거의 모든 사람이 공유하고 있었다. 그렇기 때문에 하나님과 사후 세계 또는 절대적인 도덕이나 죄의식이 존재한다는 사실을 전제하고 복음 전도를 계획했다. 더불어 전도자는 복음을 듣는 사람 안에 신앙의 밑그림이 어느 정도는 그려져 있다고 가정했다. 이런 점에서 '복음 전도'는 단지 그 밑그림을 완성시켜 복음의 진리를 볼 수 있도록 도와주는 일이었다. 그러나 오늘날 문화는 이렇게 말한다. 우리에게 혹 구원이 필요하다면, 그 구원이란 우리에게 구원이 필요하다는 생각으로부터 해방되는 구원이라고 말이다.

그렇다면 죄의식이나 초월성에 대한 인식도 없고 전통적인 신앙의 이해도 부실해서 절대자나 사후 세계를 전혀 믿지 않는 사람들에게 어떻게 복음을 전해야 할까? 현대 교회는 이처럼 지금까지 만나 본 적이 없는 어려움에 봉착하였다.

디지털 문화와
신앙 성장의 어려움

현재 미국인은 하루 평균 2시간 30분을 소셜 미디어 활동에 쏟고 있다.[4] 2015년을 기준으로 볼 때, 고등학교 3학년에 해당하는 학생은 하루 평균 4시간을 온라인상에서 보냈다. 그보다 어린 경우는 훨씬 더

많은 시간을 인터넷에 쏟을 뿐 아니라 그로부터 깊은 영향을 받으며 성장했다.[5]

MIT대학 교수인 셰리 터클(Sherry Turkle)은《대화를 잃어버린 사람들》(Reclaiming Conversation)에서 소셜 미디어에 들이는 시간이 증가하는 현실과 타인을 이해하는 공감 능력이 떨어지는 현상이 서로 밀접한 관련이 있다고 지적했다.[6] 그래서 시간이 갈수록 외부에서 일어나는 일이 사람의 정서와 생각 속에서 일어나는 일보다 비현실적으로 느껴진다고 하였다. 이 과정에서 테크놀로지는 다음과 같은 기능을 하게 된다.

- 디지털 테크놀로지는 TV나 라디오 또는 영화가 전달하던 수준을 훨씬 넘어서는 다차원적인 방식으로 개인의 정체성, 자유, 행복, 상대주의와 같은 현대 사회의 내러티브와 믿음을 전달한다.

- 이는 우리에게 단지 새로운 믿음을 전달하는 게 아니라 믿음을 형성하는 방식 자체를 바꾼다. 이

때의 믿음은 매우 빈약해서 스스로를 바라보고
싶은 방식에 적합할 때에만 채택되고 그렇지 않
은 경우에는 버려진다.

이와 같은 디지털 문화에서 신앙 성장을 이루는
일에는 상당한 어려움이 따른다. 영적 성장을 꾀하
기 위해 일주일에 1-2시간씩 공예배를 드리고 소그
룹 모임에 참여하던 전통적인 방식으로는 주중에 매
일같이 이어지는 디지털 테크놀로지의 영향을 감당
할 수 없다.

물론 성경에 대한 이해의 기반을 다지기 위해 종
전과 같은 신학 교육도 필요하다. 하지만 그런 접근
만으로는 현대 문화가 전달하는 믿음을 해체할 수
없고, 오늘날 사람들의 마음에 자리한 물음에 답할
수도 없다.

분열된 문화와
정치 양극화의 어려움

서구 사회뿐 아니라 다른 곳에서도 정치 양극화 현상이 심화되고 있다.[7] 이제 사람들은 정권에 대한 불만을 표출하는 데서 나아가 10년 전만 하더라도 극단적인 인물이라고 여겨질 수밖에 없었던 후보에게 표를 던진다. 이는 보수나 진보나 마찬가지이다. 이처럼 세속화되는 과정에는 쓴 열매가 나타나기 마련이다. 즉 과거에 공유하던 도덕이나 신앙관이 결여된 상태에서 결집력만 갖춘 사회를 건설하려는 시도가 역사상 처음으로 일어나고 있는 것이다.

제임스 에글린턴(James Eglinton)은 〈크리스채너티 투데이〉(Christianity Today)에 실린 "대중주의 대 혁신주의: 누가 최선의 길을 알겠는가?"(Populism vs Progressivism: Who Knows Best?)라는 기사에서 오늘날 분열된 문화가 드러내는 양극화 현상을 다루었다. 거기서 그는 "우리가 살아가는 세상에서 두 가지 경쟁적인 전망이 나타나는 현상"에 대하여 이렇게 밝힌다.

> 한 전망으로는 위대한 국가를 다시 세우고 단체를 개인보다 중요시하며 과거의 전통을 지키는 데 마음이 열려 있는 사람들이 모인다.
>
> 다른 전망으로는 철저히 개인화된 미래로 나아가며 과거라는 속박을 벗어버리고 혁신을 붙들고자 하는 사람들이 모인다.
>
> 심각한 문제는, 이러한 문화에서 각 진영은 자신들의 전망을 수용하지 않은 사람들을 배척한다는 것이다.
>
> 그렇기 때문에 문화 평론가로부터 '두 개의 미국'이라든가 '두 개의 브라질' 또는 '두 개의 영국'이라는 말을 자주 듣게 된다. 이와 같은 환경에서는 정반대로 양극화된 길을 따라 인구 이동이 일어나기 마련이다.[8]

여기서 한 가지 전망은 개인의 자유로부터 우상을 만든다. 또 다른 전망은 인종과 국가, 혈연과 지연으로부터 우상을 만든다. 둘 다 세속적이다. 양쪽 모두 초월적인 하나님은 안중에 없고 피조물을 신으로 둔갑시킨다.

심각한 문제는 교회가 이런 양극화에 사로잡혀 진보든 보수든 정치적 연합을 위한 수단으로 전락하고 있다는 점이다. 현재 미국을 예로 들면, '진보 복음주의'(blue evangelicalism)와 '보수 복음주의'(red evangelicalism)가 함께 발흥하는 양상을 보인다. 전자는 인종과 경제 문제에 대해서는 정의를 외친다. 그러나 성과 젠더 또는 가족에 관한 성경의 가르침에 대해서는 침묵한다.

후자는 성적 부도덕과 세속주의에 대해서는 강하게 질책한다. 하지만 보수 정권이 이민자나 소수 집단에게 부당한 처우를 해서 인종 간 다툼이 발생할 때는 별다른 소리를 내지 않는다. 이처럼 교회가 정치 권력을 손에 넣으려고 좌로든 우로든 세속 정권과 결탁하면, 영적 권세는 상실되고 비기독교인 앞에서 신뢰를 잃어버린다. 우리 주변을 돌아보면, '정치적 노예가 되어 버린 신자'(the political captivity of the faithful)가 얼마나 많은지 모른다.[9]

이러한 문제의 해결책은 정치와 무관한 삶을 사는 데 있지 않다(그러한 삶은 비현실적이고 가능하지도 않다). 기독교인은 정치에 참여하되 세상을 지배하는 이데올로기에 굴복하지 않도록 비판 의식을 갖추어야 한다. 그래야만 부패하는 세상에서 함께 썩어버리지 않고 '빛과 소금'으로 살아갈 수 있기 때문이다.

세상에 다가가기 위한
전략이 필요하다

지금까지 오늘날 기독교인이 직면하는 가장 큰 어려움을 살펴보았다. 우리는 이 어려움을 각각 다루되 직접적이면서도 용의주도하게 다루어야 한다. 특히 사역자라면, 오늘날 복음 운동을 일으키는 데 장애가 되는 어려움을 극복할 수 있도록 시간과 재능을 들여 전략을 세워야 한다.

현재 우리는 기독교인이 된다고 해서 사회적으로

이익을 볼 게 전혀 없는 시대를 살고 있다. 오히려 신앙을 가지게 되면 사회적 손실을 감수해야 한다. 특히 서구 사회의 많은 지역에서 그러하다. 기독교인의 신앙과 관습에 대해 적극적으로 적대감을 드러내는 문화가 형성되고 있기 때문이다. 하나님과 진리, 죄와 사후 세계에 관해 최소한의 성경적인 이해와 기본적인 믿음을 갖춘 경우는 점점 찾아보기 힘들다. 오늘날 문화가 양산하는 사람들은 기독교를 불편하게 여길 뿐 아니라 납득할 수 없다고 생각하기 때문이다.

그러므로 기본적인 신앙의 이해가 결여되어 교회에 가야겠다는 생각은 결코 하지 않는 사람들에게 어떻게 하면 복음을 전할 수 있을지 그 방법을 고민해야 한다. 또한 그처럼 전혀 다른 양상으로 펼쳐지는 문화의 한복판에서 사람들을 교회로 인도하여 참된 신앙인으로 양육할 수 있는 방법을 찾아야 한다.

분명히 말하건대, 복음의 접점을 마련하는 일은 세상 문화를 배척하고 일반 사회와 동떨어진 우리만의 공동체 속으로 들어가는 일이 아니다. 또는 정치 권력을 획득하여 기독교인의 신앙과 규범을 사람들에게 억지로 강요하는 일도 아니다. 물론 교회가 주변 문화에 완전히 동화되도록 적실성만 갖추는 일도 아니다.

복음의 접점을 마련하는 일은 (세상 문화를 배척하는 전략과 달리) 주변 문화와 연결점을 만들고, (세상 문화에 동화되는 전략과 달리) 그 문화 속에 자리한 문제를 드러내며, (정치 권력을 획득하는 전략과 달리) 사람들이 진정으로 돌이킬 수 있도록 다가가는 일이다.

따라서 복음의 접점을 마련하는 데 헌신된 교회는 이처럼 잘못된 전략들을 근본적인 수준에서 비판해야 한다. 하지만 그와 동시에 다음과 같은 모습도 갖추어야 한다. 곧 (세상 문화를 배척하는 전략이 목표하는 바와 같이) 세상과 구별되는 거룩함을 유지해야 하고, (세상 문화에 동화되는 전략이 목표하는 바와 같이) 주변 사람들을 돌아볼 뿐 아니라 그들을 섬겨야 하며 (정치 권력을 획득하는 전략이 목표하는 바와 같이) 사람들을 리드하되 진정으로 회개하고 변화되도록 이끌어야 한다.

이와 관련하여 우리는 기독교에 적대적인 문화 속에서 복음의 접점을 제대로 마련했던 초대 교회의 사례를 살펴볼 필요가 있다. 또 그와 더불어 우리가 경험하는 탈기독교 문화가 제기하는 특별한 어려움도 있기에, 우리 세대가 추구해야 할 복음의 접점이 앞선 교회가 추구하던 복음의 접점과 똑같을 수 없다는 사실도 유념해야 한다.[10] 그렇다면 현대 문화에서 복음의 접점을 이루는 데 필요한 기본적인 요소가 무엇인지 여섯 가지로 살펴보도록 하자.[11]

PART 2

HOW
TO
REACH
THE
WEST
AGAIN

복음 전도의 6가지 접점들

어떻게
세상에
손을 내밀 것인가

02 CHRISTIAN
HIGH THEORY

복음으로
현대 문화를
분석하다

우리가 어떤 문화를 대상으로 복음이 무엇인지 설명하기 위해서는 그 문화가 무엇인지 복음으로 먼저 분석해야 한다.

지난 두 세기 동안 기독교 변증학은 기독교의 진리를 뒷받침하는 논의나 증거를 제시하는 방식으로 이루어졌다. 부활을 예로 들면 그 역사성을 지지하는 사례를 제시하는 과정으로 이루어졌다고 할 수 있다. 이는 신약성경에서도 찾아볼 수 있는 방식이다(고전 15장 참고).

기독교 우위의
변증적 문화 비판

순교자 저스틴(Justin Martyr)에서 어거스틴 (Augustine)에 이르기까지 초기 기독교 변증가들은 그러한 방식에만 머물지 않았다. 그들은 기독교의 신앙과 관습이 세상을 지배하는 이교 문화처럼 합리적이라는 사실을 증명하고자 애쓰지 않았다. 그보다는 이 세상 문화가 어떻게 그 자체의 기준에도 미치지 못하는지를 드러내는 근본적인 비판을 시도했다. 예를 들면 다음과 같다.

주후 410년 로마가 서고트족에게 약탈당하는 사건이 일어났다. 그때 로마에 있던 이교도들은 재빨리 그 원인을 기독교인들에게 돌렸다. 기독교에서 믿는 하나님을 로마가 새롭게 받아들이며 예배하자 결국 도시가 함락되도록 로마의 신들이 형벌을 내렸다고 주장했다.

이러한 비난 때문에 어거스틴은 《하나님의 도성》 (*The City of God*)을 저술하기에 이른다. 거기서 그는 오늘날이었다면 '비판 이론'(critical theory)이라고 불릴 만한 논의를 전개한다. 곧 복음을 통해 이교 문화의 근간을 비판하되 그 문화가 자체적인 기준에도 얼마나 부합하지 않는지를 드러냈다. 그리고 로마가 무너진 사건은 기독교가 아니라 이교 문화에 원인이 있다는 사실을 논증했다.

문화가 요구하는
방식대로가 아니다

이러한 기독교 우위의 문화 비판(Christian high theory)은 오늘날의 경우 특히, 세상 문화가 주장하는 중립성이라든가 객관성 또는 보편성에 의문을 제기함으로써 시작될 수 있다('기독교 우위의 문화 비판'이라고 번역된 Christian high theory는 문화가 요구하는 방식대로 기독교가 스스로를 증명하는 변증법이 아니라 기독교가 진리를 확보한 자리에서 문화의 자체 모순을 드러내는 변증법을 의미한다-역주). 여기에는 후기 현대의 세속적 세계관을 공적으로 다루는 작업이 포함된다. 말하자면, 개인의 자유를 위한 노력에도 불구하고 오늘날 문화가 각 사람을 어떻게 다음과 같은 상태에 이르게 했는지를 드러내는 작업이라고 할 수 있다.

- 모든 가치는 상대적이다.
- 모든 관계는 교환적이다.
- 모든 정체성은 깨지기 마련이다.
- 모든 만족의 근원은 실망을 가져다준다.

모순적이게도 이와 같은 상태에 있으므로 우리는 객관적으로 자유롭지 않다. 지역 사회는 쇠퇴하고 가정은 깨어지고 있으며 사적으로든 공적으로든 완고하고 냉담한 관료주의가 판치고 있기 때문이다. 또 주관적으로도 자유롭지 않다. 모든 사람이 내면의 고독을 느끼며 어딘가에 노예처럼 중독되어 있기 때문이다.

오늘날 문화의
결점을 드러내며

　이러한 기독교 우위의 변증적 문화 비판은 사람들이 정치적 노예 상태에서 벗어나도록 도와주는 역할도 수행해야 한다. 이는 하나님에 관한 성경 교리와 복음의 진리를 사용하여 세속적인 현대성을 비판함으로써 수행될 수 있다. 이를테면 후기 현대성이 인간의 삶을 개인의 선택 문제로 축소하거나(이는 개인의 자유를 강조하는 보수주의로 귀결된다), 혹은 역사나 물질 내지는 사회적인 조건의 산물로 환원시키는(이는 진보적인 마르크스주의로 귀결된다) 오류를 비판해야 한다.

　이 과정에서 오늘날 문화가 제시하는 내러티브에 어떠한 결점이 자리하고 있는지 드러내되 그러한 내러티브가 인간의 본성 및 근원적인 양심에도 부합하지 않는다는 사실을 보여 주어야 한다. 또한 자체적으로 주장하는 도덕적인 이상에도 맞지 않음을 드러내야 한다. 이러한 과정을 거치고 나서, 어떻게 그와 다른 새로운 내러티브가 복음의 아름다운 진리를 통해 완성되는지 제시해야 한다(여기서 반복되는 '내러티브'는 세계관을 서술하는 방식으로서 단편적인 개념이나 명제가 아니라 포괄적인 이야기로 인간과 세계를 설명하는 방식을 일컫는다-역주).

이와 같은 작업은 주로 학계에 종사하는 기독교인이 감당해야 할 일이지만, 그와 더불어 후기 현대성의 치명적인 결점을 확인하게 된 비기독교 학자나 사상가의 도움도 필요로 한다. 아직 검증되지 않은 개인주의와 현대적 자아 또는 상대주의가 야기하는 문제들에 대해서는 벌써부터 많은 이들이 주목해 왔으며, 그 모든 문제들이 오늘날 문화 속에서 심화되고 있기 때문이다.[12]

우리는 객관적으로 자유롭지 않다. 지역 사회는 쇠퇴하고 가정은 깨어지고 있으며 사적으로든 공적으로든 완고하고 냉담한 관료주의가 판치고 있기 때문이다. 또 주관적으로도 자유롭지 않다. 모든 사람이 내면의 고독을 느끼며 어딘가에 노예처럼 중독되어 있기 때문이다.

03

A TRULY POST-CHRISTENDOM EVANGELISTIC DYNAMIC

접점 2

복음 전도의 역동성

역동적인
초대 교회의
전도를 배우다

지금까지 서구 교회는 수많은 전도 방법과 프로그램을 개발해 왔다. 하지만 이미 살펴본 바와 같이 다음과 같은 내용을 전제로 했다.

잘못된 전제,
새로운 전도 모델의 필요

바로 우리가 속한 사회에는 여전히 교회를 찾아 헤매거나 교회에 와 보라는 초대에 마음이 열려 있는 비기독교인이 많다는 전제이다. 말하자면 사람들

이 하나님과 진리, 죄와 사후 세계에 관한 기본적인
개념을 가졌으며 혹 그렇지 않더라도 신앙에 대하여
열린 마음을 가지고 있다고 전제했다. 지난 1천 년
동안 서구 교회가 유지한 기본적인 사역 모델은 이
러한 사회상에 근거하였다. 그래서 사람들이 언제든
지 교회에 오기만 하면 신앙을 긍정적으로 받아들일
준비가 되어 있으며, 교회는 성경에 기초한 건전한
설교를 그들에게 들려주기만 하면 된다고 여겼다.

그런데 이러한 상황은 오늘날 현실과는 거리가
멀다. 지금은 많은 사람들이 기본적인 신앙의 근간
도 갖추지 않았으며 세상을 지배하는 문화의 내러
티브가 기독교 신앙에 대해 적대감만 키우는 상황
이다.

그러므로 우리는 현 세대에게 새롭고도 설득력
있게 복음을 나눌 수 있는 방법을 모색해야 한다. 또
이와 관련하여 초대 교회가 보여 준 역동적인 복음
전도를 현대판으로 재현할 수 있어야 한다. 그 시대
에도 지금과 마찬가지로, 기독교에 대해 적대적이고
기본적인 이해가 결여된 문화 속에서 사람들이 회심

하며 교회가 성장했기 때문이다. 그렇다면 이 역동성을 구성하는 요소가 무엇인지 하나씩 살펴보도록 하자.

주목 (Attention)

- 복음을 주목하게 만들다

우리 주변에 있는 많은 사람들은 복음이 자신의 삶과는 무관하다고 생각한다. 그렇다면 어떻게 해야 그들의 관심을 복음으로 이끌 수 있을까?

마이클 그린(Michael Green)은 초대 교회가 수행한 복음 전도의 80퍼센트 이상은 목회자나 전도자가 아니라 일반 성도에 의해 이루어졌다고 설명한다. 이는 곧 평범한 기독교인이 친인척으로 구성된 자기 집안 사람들에게 신앙을 설명하면서 복음 전도가 이루어졌음을 의미한다.[13] 그때 사람들이 복음을 주목했던 이유는, 자신들이 잘 알고 있으며 평소에도 일을 함께 하는 이가 직접 복음을 전했기 때문이다. 그 누군가는 자신들이 사랑하는 사람이기도 했다.

오늘날에는 일상적인 관계 안에서 선교 지향적인

삶을 살아야 한다고 기독교인을 독려하기가 얼마나 어려운지 모른다.[14] 대부분의 경우가 그렇다. 그런데 앨런 노블(Alan Noble)이 *Disruptive Witness*(이목을 빼앗는 증언)에서 지적한 바에 의하면, 현대인은 스트레스와 난관 혹은 실망과 고통의 시간을 경험할 때 기독교인의 통찰을 보여 주는 이야기를 읽거나 예술 작품을 감상하게 되면 기독교에 좀 더 열린 마음을 갖게 된다고 한다.[15] 왜 그럴까?

여기서 우리는 성경에 근거하지 않은 세계관이 몸에 맞지 않는 한 벌의 옷과 같다고 이해할 필요가 있다. 그러한 옷은 불편하게도 꽉 낀다. 너무 작아서 찢어지기도 한다. 이와 마찬가지로 자아와 실재에 관한 현시대의 관점도 하나님이 설계하신 인간 본연의 상태와 맞지 않다. 오늘날의 가치관이 사람들에게 얼마나 꽉 끼고 불편함을 주는지 문학이나 예술 작품이 드러낼 때가 있다. 이는 특별히 고통의 시간을 지날 때 더욱 발견하기 쉽다. 왜냐하면 현대의 세계관은 고통의 시간을 견디지 못해 찢어지기 마련이며, 그 힘든 시간을 견디기 위해 필요한 자원을 제공해 주지 못하기 때문이다. 그러므로 현시대의 기독교인은 "[자기] 속에 있는 소망에 관한 이유를 묻는 자에게 대답할 것을 항상 준비"해야 한다(벧전 3:15).

이 모든 과정이 이루어지기 위해서는 충분한 성경 지식이 필요하며 타인과의 대화에서 자신의 신앙을 나눌 수 있는 방법도 알아야 한다. 또한 비기독교인을 많이 알고 있어야 하고 별다른 경우가 아니라면 늘 가까운 관계를 유지해야 한다. 만일 지금 당신이 그렇지 않다면, 가장 우선적으로 해야 할 중요한 과제는 비기독교인과 개인적인 관계를 쌓는 일이다. 그들을 돕고 사랑해야 한다. 그들 스스로는 교회에 가지 않을 가능성이 크기 때문이다.

매력 (Attraction)

- 기독교에만 있는 탁월한 요소를 보여 주다

기독교에 대해 사람들이 제기하는 의문이나 반대에 답변을 제공하는 전통적인 변증법을 사용하기 전에 우리는 그들이 자신의 인생에 대해 내리고 있는 답변에 의문을 제기할 필요가 있다. 그렇게 해야만 그들이 자신의 문제를 깨닫고 구원의 필요성을 절감할 수 있기 때문이다.

이때 우리는 모든 사람이 겪게 되는 인생의 커다란 물음에 대해 실질적인 답변을 제공할 준비가 되어 있어야 한다. 이는 모든 사람이 반드시 알아야 하는 답변이어야 한다. 그 누구도 삶의 의미와 만족, 자유와 정체성, 조건 없이 주어지는 용서와 도덕적 문제에 대한 해답, 나아가 미래의 소망 없이는 제대로 살아갈 수 없기 때문이다. 이에 대해 세상 문화가 제시하는 답변은 궁극적으로 효과가 없다(이미 말했지만, 그들에게 잘 맞지 않아서 끼거나 때로는 찢어지기 때문이다).

만일 우리가 앞서 설명한 바와 같이 복음을 주목하게 만드는 일을 마쳤다면, 이제는 기독교에만 있는 탁월한 요소들이 무엇인지 적절한 타이밍에 다음과 같이 설명해 주어야 한다.

- 기독교는 고통으로 상실되기보다 그 깊이를 더해 가는 인생의 의미를 제시한다.

- 기독교는 상황에 좌우되지 않는 만족을 제시한다.

- 기독교는 공동체와 인간관계를 얄팍한 계산으로 대하지 않는 자유를 제시한다.

- 기독교는 자신의 성취 여부와 상관없이 타인으로부터 소외되어도 깨지지 않는 정체성을 제시한다.

- 기독교는 수치심이나 반감을 남기지 않고 죄의식을 대하거나 타인을 용서할 수 있는 방법을 제시한다.

- 기독교는 정의를 추구하면서 타인을 억압하지 않도록 지켜 주는 토대를 제시한다.

- 기독교는 다가오는 미래만이 아니라 죽음까지도 침착하고 평안히 맞아들이게 하는 상태를 제

시한다.

- 기독교는 인생에서 경험하는 초월적인 아름다움과 사랑에 대한 설명을 제시한다.

여기서 우리의 역할은 이러한 요소들에 대해 느끼는 부인할 수 없는 갈망이 바로 하나님을 필요로 하는 그들 내면의 외침이라는 사실을 깨달을 수 있도록 비기독교인을 돕는 일이다.

예증 (Demonstration)
- 사람들의 궁금증에 진리로 답변하다

이제는 기독교 신앙에 대해 전통적으로 제기되는 의문을 반드시 다루어야 한다. 다시 말하면, 사람들의 질문에 답변해야 한다. 여기서 제기되는 의문은 하나님이나 성경과 관련해 주어지는 경우가 대부분이다. 예를 들어, 선하신 하나님이 어떻게 고통을 허락하실 수 있는가 혹은 어떻게 사람들을 지옥에 보내실 수 있는가와 같은 질문들이 제기된다. 또 성경과 관련해서는 역사적 신뢰성이라든가 과학과의 양립 가능성 등이 거론되곤 한다.

오늘날 비기독교인은 특별히 교회가 역사적으로 행한 부당한 사례를 문제 삼을 때가 많다. 가령 노예 제도를 묵인하거나 여성을 억압했던 사례라든가 최근에는 동성애자나 트랜스젠더를 배척하는 사례 등을 문제 삼을 수 있다. 이에 대해서는 겸손하면서도 분명한 태도로 답변해야 한다. 그러면서 질문자가 제기한 의문이 어떤 가정과 도덕적 판단에 기초하고 있는지 부드럽게 알려 주어야 한다. 그럴 때 믿음의 도약이 일어날 수 있기 때문이다.

확신 (Conviction)
- 설득력 있는 방식으로 복음을 제시하다

끝으로 사람들의 마음을 이끌 만큼 설득력 있는 방식으로 복음을 설명해야 한다. 복음은 구원이 오직 하나님으로부터 주어진다는 메시지이다(욘 2:9). 이러한 복음 제시는 다음과 같은 두 가지 요점을 내포해야 한다.

- **나쁜 소식**: 당신은 스스로를 구원하려고 노력하지만 결국에는 구원할 수 없다.
- **좋은 소식**: 당신은 노력이 아니라 그리스도를 통해 구원받을 수 있다.

"인생의 의미란 '선해지는 데' 있다"고 이야기하는 전통 문화에서 복음을 전할 때, 나쁜 소식과 좋은 소식은 다음과 같이 설명될 수 있다.

- **나쁜 소식**: 당신은 선해져야 한다는 사실을 알고 있지만 당신의 행동은 그리 선하지 않다. 심지어 당신의 마음을 살펴본다면, 실제로는 전혀 선하지 않다는 사실을 알게 된다. 예를 들어, 겉으로는 간음하지 않아도 속으로는 음욕을 품기 때문이다(마 5:27-28).
- **좋은 소식**: 당신이 도덕적으로 실패한 문제에 대해 받아야 할 형벌을 예수님이 대신 받으셨다. 그 결과 당신은 영원한 용

서를 받을 수 있게 되었다. 성경은 그
분 안에 있는 자에게는 결코 정죄함
이 없다고 약속한다(롬 8:1).

"인생의 의미란 '자유해지는 데' 있다"고 이야기하
는 현대 문화에서 복음을 전할 때, 나쁜 소식과 좋은
소식은 다음과 같이 설명될 수 있다.

- 나쁜 소식: 당신은 자유를 원하지만 사실은 자유
  로울 수 없다. 왜냐하면 오늘도 당신
  은 다른 무언가를 위해 살아야 하며,
  그 대상이 무엇이든 그것에 종속되
  어 타인을 이용할 수밖에 없는 상황
  에 처해 있기 때문이다. 또한 당신은
  자신의 실존에 근거하여 의롭다는 정
  체성을 얻으려 하는데, 이는 결국 깨
  질 수밖에 없으며 스스로를 의롭다고
  여기는 만큼 타인을 무시하기 마련이
  다. 나아가 당신이 찾고 있는 깊은 만

족도 사실은 당신이 파악하기 어려울
뿐 아니라 세상에서는 발견되지 않는
만족이다. 이 모든 사실은 당신이 영
원하신 하나님에 의해 창조된 존재임
을 말해 준다. 따라서 그분을 위해 살
지 않는다면, 이는 영원한 사랑과 은
혜를 저버리는 삶이나 다름없다.

- **좋은 소식:** 예수님은 세상이 내세우는 힘의 논리
  를 십자가에서 뒤집으셨다. 그분은
  섬기기 위해 자신의 모든 권세를 내
  려놓으셨기 때문이다. 또 당신이 하
  나님을 거부하고 타인에게 함부로 대
  하며 정의롭지 않게 행한 삶에 대해
  서도 그분이 대신 정의로운 형벌을
  받으셨다. 이로써 당신은 어디서도
  발견할 수 없는 정체성을 얻게 되었
  다. 이는 당신이 무언가를 잘하든 못
  하든 상관없이 무조건적인 사랑을 확

인시켜 주는 정체성이다. 바로 이 정체성을 통해 당신은 새로운 자유를 얻게 되어 세상의 어떤 권력이나 대상에게도 지배당할 필요가 없는 상태에 이르게 된다. 나아가 그로부터 깊은 만족과 아름다운 미래에 대한 성경의 약속을 맛볼 수 있게 된다.

다시 살펴보는
복음 전도의 요소들

현시대를 사는 우리는 위에서 살펴본 역동적인 복음 전도의 요소들을 다시금 생각해 볼 필요가 있다. 무엇보다 복음에 대해 '주목'하고 '매력'을 느끼게 하려면, 앞서 말했듯이 비기독교인과 인격적으로 깊은 관계를 맺어야 한다(오늘날처럼 대면 관계가 희박해지는 문화라면 더욱 그러하다). 그리고 목회자는 교인들이 전도와 변증에 익숙한 대화를 나눌 수 있도록 그에 필요한 도구와 자원을 제시해 줘야 한다.

그리하여 교인들이 비기독교인과 깊은 관계를 이루게 되면, 그때부터 교회는 다양한 시간과 장소를 제공하며 신앙에 관심을 갖기 시작한 사람들이 복음에 '매력'을 느끼고 그 '예증'을 확인하며 마침내는 '확신'에 이를 수 있도록 도와주어야 한다. 이러한 과정은 그들이 이야기를 나누거나 강의나 설교를 들으면서, 또는 크고 작은 모임에서 대화와 토론에 참여하면서, 아니면 문학이나 예술 작품 등을 감상하면서 이루어질 수 있다.

마이클 그린(Michael Green)은 초대 교회가 수행한 복음 전도의 80퍼센트 이상은 목회자나 전도자가 아니라 일반 성도에 의해 이루어졌다고 설명한다. 이는 곧 평범한 기독교인이 친인척으로 구성된 자기 집안 사람들에게 신앙을 설명하면서 복음 전도가 이루어졌음을 의미한다. 그때 사람들이 복음을 주목했던 이유는, 자신들이 잘 알고 있으며 평소에도 일을 함께 하는 이가 직접 복음을 전했기 때문이다. 그 누군가는 자신들이 사랑하는 사람이기도 했다.

04

A CATEGORY-DEFYING
SOCIAL VISION

접점 3

세상의 통념을 바꾸는 사회적 자세

초대 교회가 보여 준

사회적 책임과

역할을 따르다

래리 허타도(Larry Hurtado)는 《처음으로 기독교인이라 불렸던 사람들》(*The Destroyer of Gods*)에서 로마 제국 당시 기독교는 가장 박해받는 종교였기에 엄청난 사회적 희생이 따랐음에도 점점 더 많은 사람들이 기독교 신앙을 갖게 된 이유가 무엇인지 설명한다. 이 책에서 그는 당시 기독교가 지닌 사회적 자세가 어떠했는지를 주목하며, 기독교는 그 시대뿐 아니라 오늘날에도 세상의 통념을 바꾸는 유일한 공동체라고 말한다.[16]

세상의 통념을 바꾼
초대 교회

여기서는 허타도가 소개하는 내용을 다섯 가지 요소로 나누어 자세히 설명하고자 한다. 동시에 그 모든 요소가 전체를 구성하고 있기에 다 함께 묶어서 이해할 필요가 있음을 밝힌다. 그렇다면 이러한 점을 유의하면서 초기 기독교 공동체가 지닌 사회적 자세를 함께 살펴보도록 하겠다.

여러 인종과 민족이 함께한 공동체

초기 기독교인은 이교도가 보기에 충격적인 신앙의 정체성을 드러냈다. 기독교가 발생하기 이전의 사람들은 태어나면서부터 자연스럽게 종교를 이어받았다. 인종과 나라와 지역에 따라 그들만의 신을 섬겼기 때문에 종교는 선택의 문제가 아니었다. 오히려 문화의 일부였던 종교를 사람들은 계승할 수밖에 없었다.

다시 말해, 동일한 문화권 안에서 종교를 이어

받은 모든 사람들은 신앙에 있어 아무런 차이가 없었다. 그들의 민족이 그들의 신앙을 결정했기 때문이다. 이는 각 민족과 문화가 신성한 권위를 지니고 있기에 그 자체로 비판의 대상이 될 수 없었음을 의미한다.

그런데 기독교인이 가진 신앙은 달랐다. 그들은 참된 하나님이 오직 한 분이며 모든 사람은 그분을 믿어야 한다고 가르쳤다. 그들에게 신앙이란 민족의 배경과 상관없이 더욱 근본적인 차원에 속하는 문제여서 다른 무엇보다 깊은 연대감을 주었다.

그러므로 어떠한 민족이나 문화적 배경을 지녔든지 예수 그리스도를 믿게 되면, 자신이 본래 이어받은 문화와는 다른 공동체, 즉 여러 인종과 민족이 함께하는 공동체에 소속되었다. 이는 그 어떤 종교도 이루지 못한 새로운 공동체였다(행 13:1-3; 엡 2:11-22 참고).

가난한 자와 소외된 자를 돌보는 데 헌신한 공동체

그 시대에는 (혹 기독교인이 아니라고 해도) 자기가 속한 가문이나 종족 안에 가난하고 소외된 사람이 있을 경우에는 서로를 돌보았다. 그러나 가난하고 소외된 '모든' 사람을 그렇게 돌보아야 한다고 느끼지는 않았다. 이와 다르게 예수님의 착한 사마리아인 비유가 보여 주듯(눅 10:25-37), 초대 교회는 어려움에 처한 '모든' 사람을 품었는데, 이는 그 자체로 충격적인 모습이었다.

그래서 이교 신앙을 가졌던 로마 황제 율리아누스는 기독교인의 혁신적인 신앙생활을 보고 "가난한 기독교인뿐 아니라 가난한 이교도인까지 돌본다"는 유명한 말을 남겼다.[17] 이는 이교도인이 보기에 불편하면서도 동시에 매력적인 모습이었다(갈 6:10; 눅 10:25-37 참고).

되갚지 않고 용서한 공동체

초기 기독교인은 타인으로부터 공격을 당하거나 그로 인해 목숨을 잃는다 해도 앙갚음이나 복수를 하지 않았다. 심지어 처형을 당하거나 원형 경기장에서 죽임을 당하는 순간에도 오히려 박해하는 자들을 위해 기도하기로 유명했다(이는 예수님에 이어 스데반

이 보여 준 모습이기도 하다).

이러한 용서가 가능했던 이유는, 다른 뺨까지 돌려 대라고 하며 용서를 강조한 기독교의 가르침이 그들로 하여금 평화와 화해와 소통을 실현하는 공동체를 이루게 했기 때문이다(롬 12:14-21; 벧전 2:11-12, 21-23 참고).

낙태를 비롯한 유아 살해를 강력히 반대한 공동체

당시의 기독교인은 낙태를 비롯한 유아 살해를 강력히 반대했다. 단지 이론적인 수준에서가 아니라 실제로 반대했다. 예를 들어, 부모에게 버려져 죽어 가거나 노예로 팔려 갈 위기에 처한 아이를 발견하면, 그 아이를 데리고 가서 양육했다. 어떠한 경우에도 인간의 가치가 절하될 수 없다는 사실을 알고 있었기 때문이다.

그런 차원에서 초대 교회는 낙태에 반대했으며, 이는 자기 민족을 중심으로 계층화되어 명예만 중시하던 당시 사회에 충격을 주었다(눅 1:15; 약 1:27; 시 139:13-16 참고).

성 윤리를 근본적으로 바꾼 공동체

로마 사회에서 성관계는 순전히 욕구를 해소하는 행위였다. 그리고 그 목적은 사회 질서를 유지하는 데 있었다. 결혼한 여성은 다른 누구와도 관계를 가질 수 없었지만, 남성은 그렇지 않았다. 남성은 결혼 여부와 상관없이 누구와도 관계를 가질 수 있었다. 상대가 자기보다 낮은 지위에 있다면 어떤 문제도 없었다.

그런데 기독교는 그러한 사회적 폐단으로부터 결혼과 성관계를 분리해야 한다고 가르쳤다. 그리고 결혼 생활에서 이루어지는 성관계를 하나님 사랑과 구속이라는 우주적 질서에 연결시켰다. 하나님이 십자가에서 자신을 내어 주셨기에 우리는 다른 대상이 아니라 오직 그분께만 우리를 온전히 드려야 한다고 가르쳤다. 바로 그 사랑으로 인해 근본적으로 다른 두 존재인 하나님과 인간이 서로 하나가 될 수 있다는 놀라운 사실을 알고 있었기 때문이다.

이러한 차원에서 성관계는 자기 만족을 위한 행위가 아니라 결혼이라는 언약 관계 안에서 삶 전체를 내어 주는 행위로 여겨졌다. 곧 남성과 여성의 차이를 뛰어넘는 연합을 이루어 다른 무엇으로도 대체될 수 없는 각자의 아름다움을 하나로 결합시키는 행위로 여겨졌다. 그리하여 성관계를 더욱 높은 차원에서 이해할 수 있는 매력적인 전망이 열리게 되었다.

이 새로운 전망은 당시 남성을 비롯한 상류층이 휘두르던 권력을 약화시켰다. 따라서 여성이 보기에 기독교는 남녀평등을 이룰 수 있는 매력적인 종교로 인식되었다(고전 6:12-7:5 참고).

탈기독교 사회에서
현대 교회가 추구해야 할 모습

앞서 살펴본 초대 교회의 모습은 세상이 보기에 불편하면서 동시에 매력적이었다. 당시 기독교인은 교회를 수단으로 삼아 로마 문화에 접근하지 않았다. 그보다는 성경의 권위에 순종했고, 그 결과 앞서 열거된 다섯 가지 요소를 두루 갖추게 되었다. 그 모든 요소가 복음을 들은 자라면 마땅히 지니고 있어야 할 모습이었기 때문이다.

이러한 요소를 두루 갖춘 교회는 세상의 통념을 바꾸기 때문에 오늘날 역시 불편하면서 동시에 매력적인 모습으로 비칠 수 있다. 가령 첫 번째와 두 번째 요소(여러 민족과 가난한 자에 대한 자세)는 '진보적인' 교회가 선호하는 모습으로 보일 수 있고, 네 번째와 다섯 번째 요소(낙태와 성 윤리에 대한 자세)는 '보수적인' 교회가 선호하는 모습으로 보일 수 있다. 그리고 세 번째 요소(용서에 대한 자세)는 양측 모두가 관심을 갖지 않을 뿐 아니라 분노에 차 있는 세상 문화 자체가 거부하는 모습으로 보일 수 있다.

오늘날 교회는 그러한 세상에서 무거운 압박을 느끼며, 자신이 선호하는 요소와 상관없는 다른 요소에 대해서는 무시하거나 아니면 그 모든 요소를 내팽개치기도 한다. 하지만 그중 한 요소라도 포기하면, 기독교는 특정 이념을 따라가며 세상의 하수인 노릇을 하게 되어 결국에는 복음의 접점을 상실

할 수 있다.

그렇다면 초대 교회의 모습을 본받아서 현대 교회가 지녀야 할 사회적 자세는 어떠한지 살펴보도록 하겠다.

다민족 교회를 세우는 공동체

모든 사회가 다민족으로 구성되어 있지 않다. 따라서 모든 교회가 다민족 교회가 되어야 하는 것은 아니며, 그럴 수도 없다. 그러나 일반적으로 말해, 다민족 교회는 신학적으로 바람직할 뿐 아니라 선교적으로도 효과적인 공동체의 모습이라고 할 수 있다(엡 2장 참고).

예를 들어 북미 지역에 있는 교회가 그런 모습을 갖추게 되면, 세계에 있는 다른 지역 교회와 연결되어 그로부터 서로를 알아가기가 더욱 좋아진다. 인종과 민족에 따라 나누어진 세상에서 이보다 더 강력하게 복음의 능력을 나타낼 수 있는 방법은 없다.

리처드 보컴(Richard Bauckham)은 기독교가 세계에서 가장 많이 분포된 종교라고 설명한 적이 있다.[18]

이는 다른 어떤 종교보다 문화적 유연성을 발휘하는 기독교의 특징을 보여 준다. 이러한 배경에서 기독교는 특정 민족만이 아니라 모든 민족에게 은혜로 주어지는 구원을 가르치며, 신약성경도 레위기와 달리 특정 문화에만 적용되는 규례를 설명하고 있지 않다.

따라서 각 지역 교회가 문화적 유연성을 발휘하여 자기 전통만 고집하지 않는다면, 또 그와 관련된 역사에만 향수를 느끼며 고착화된 방식으로 사역하지 않는다면, 복음의 능력을 더욱 선명히 드러내어 문화의 장벽을 넘어 여러 사람들을 연합시키는 결과를 얻을 수 있다.

가난한 자를 돌보고 정의를 추구하는 공동체[19]

교회가 전하는 말씀(복음)과 보이는 행동(정의) 사이에 바른 관계를 세우는 일이 중요하다. 정의를 추구하는 활동으로 복음 전도를 대체해서도 안 되지만 그 활동이 전도를 위한 수단으로 전락해서도 안 된다. 우리는 이웃을 사랑하되 그들의 신앙과 상관없이 자신을 희생하며 그들을 위해 선을 행할 수 있어야 한다. 정의를 추구하는 활동을 결코 가볍게 여겨서는 안 된다. 그런데 교회가 성경의 가르침대로 정의를 실천하기 위해서는 성경이 가르치는 정의가 '아닌' 잘못된 정의부터 파악해야 한다.

예를 들어, 마르크스주의와 같은 전체주의 사상이나 칸트 식으로 독립적인 개인을 강조하는 사상 또는 공리주의처럼 한 가지 틀을 통하여 세상을 해석하는 환원주의적 이론들이 교회에 어떤 영향을 미칠 수 있는지 파악해야 한다. 그래야만 복음이 변질되지 않도록 교회를 지킬 수 있다.

정의에 대한 성경의 가르침은 독특해서 인간의 존엄성과 사회의 공정성을 함께 추구한다. 또 권력 계층이 아닌 자들을 실제로 존중하고 그들에게 관심을 기울여야 한다고 말한다. 나아가 돈과 소유물을 나누는 일에도 관대해야 한다고 말한다. 왜냐하면 청지기로서 재물을 관리하고 가난한 자를 위한 복지에 힘쓰는 등 정의를 추구하는 동기에 있어서도 복음의 관점은 세상의 관점과 다르기 때문이다. 교회가 그 차별성을 놓치지 않을 때, 복음에 우선순위를 두면서도 정의의 중요성을 함께 강조하는 사역을 이루어 갈 수가 있다.

공손한 자세로 소통하는 화평의 공동체

오늘날 서구 문화를 분열시키는 요인은 특정 민족이나 경제 관련 이슈만이 아니다. 현재 우리는 이념적으로 분열되어 있을 뿐 아니라 공적 담론에서조차 서로의 생각을 신중히 경청하며 관대하게 나누지 못한다. 이러한 상황은 진정으로 공손한 자세를 보기 원하는 세상 앞에서 그러한 본이 무엇인지를 보일 수 있는 기회가 되기도 한다. 기독교인은 이 기회를 놓쳐서는 안 된다. 공손한 자세를 갖추는 과정에는 타인을 용서하고 관계를 회복하려는 노력도 포함된다. 이러한 노력은 교회 안팎으로 이루어져야 한다.

또한 각각의 기독교인이 감당해야 할 정치적 역할이 무엇인지에 대해서도 바른 이해가 필요하다. 그리하여 세상의 정치를 외면하는 경건주의 환상이나 또 그에 매몰되어 버리는 당파주의 오류를 모두 경계해야 한다.

그리고 교회는 성경이 자유를 허락한 문제에 대하여 교인들의 양심을 억압하는 자세를 보이지 않도록 주의해야 한다. 이를테면 성경의 지침이 아니라 각자에게 주어진 지혜를 따라 사려 깊게 판단해야 할 정치적 문제에 대해서는 교인들에게 맡겨야 한다.[20]

그리하여 교인들이 자신과는 다른 시각을 지닌 사람들과 대화할 때 다음과 같은 특징과 원리를 구체적으로 반영할 수 있도록 도와야 한다.

- 공손한 자세는 '겸손한 모습'으로 나타난다: 우리가 증명할 수 있는 사실에는 한계가 있음을 인정해야 한다. 거기서 겸손한 모습이 나타난다. 이는 모든 사람이 자기 나름대로 증명 불가능한 신앙을 가지고 있으며 그에 따라 인간 존재와 현실을 해석하고 있다는 사실을 이해하는 모습이기도 하다. 따라서 타인의 신앙 체계에 근거하여

그들을 비판하는 일은 삼가야 한다.

• 공손한 자세는 '인내하는 모습'으로 나타난다: 인내는 지속적으로 경청하고 이해하며 공감하는 태도를 요구한다. 이때 두 가지 사실을 분명히 알아야 한다. 하나는 우리가 겪은 상이한 경험이 우리를 서로 구분시킨다는 사실이고, 또 하나는 우리가 지닌 동일한 경험이 우리를 서로 연합시킨다는 사실이다. 따라서 우리는 성경에 약속된 소망에 뿌리를 둔 인내를 함양하되 진보적인 낙관주의라든가 보수적인 전통주의를 모두 경계해야 한다.

• 공손한 자세는 '관용하는 모습'으로 나타난다: 관용은 하나님의 형상으로 지음 받은 타인을 존중하는 태도를 말한다. 심지어는 상대가 도덕적으로 비난받을 만한 사상을 옹호하더라도 그러한 태도를 유지해야 한다. 이는 우리가 잘못된 관점이나 행동까지 받아들여야 한다든가 그러한 잘

못조차 묵인해야 한다는 뜻이 아니다.

- 공손한 자세는 '자기 의를 부인하는 모습'으로 나
타난다: 복음은 우리가 의롭지 않게 살아가고 있
음을 상기시킨다. 그렇기에 우리를 억압하는 자
가 있더라도 그들을 경멸하거나 모욕하지 않도
록 지켜 줄 뿐 아니라 우리 자신이 그러한 억압
을 반대하면서 도리어 타인을 억압하는 자가 되
지 않도록 지켜 주기도 한다.

생명을 소중히 여기는 공동체

성경은 인간이 하나님의 형상으로 지음을 받았다
고 가르친다. 이에 낙태를 죄로 규정한다. 만일 다른
선택의 방안이 없다는 이유를 들며 낙태를 정당화하
게 되면, 결국에는 유아 살해나 치매에 걸린 노인을
안락사하는 일까지도 정당화하게 된다.

초대 교회는 정치적인 차원이 아니라 실천적인
차원에서 생명을 소중히 여기는 데 앞장섰다. 그래
서 의도하지 않은 아이를 임신했다고 하더라도 그

아이의 삶 전체를 책임지고 돌보는 일에 헌신했다. 단지 아이의 생명을 살리는 데서 그치지 않고 성장하며 살아가는 데 필요한 가족의 손길과 사랑을 베푸는 데 수고를 아끼지 않았다.

오늘날의 교회도 어린이나 여성, 독거노인이나 취약 계층을 돌아보는 실천적인 노력을 하되 그러한 노력이 단지 정치적 행보를 위해 생명을 소중히 여겨야 한다고 주장하는 추상적인 노력이 되지 않도록 주의해야 한다. 교회가 가족이 되지 않는 한, 진정한 변화는 일어나지 않는다(딤전 5장 참고). 진짜 가족 공동체가 되는 게 핵심이다.

세상에 대항하는 성 문화를 이루는 공동체

오늘날 기독교를 반대하는 주된 이유 중 하나는 시대에 맞지 않는 성 윤리를 강조한다는 데 있다.

많은 이들은 기독교가 성 자체에 대해 부정적이고 건강하지 못한 시각을 가지고 있다고 여긴다. 특히 동성애자에 대해서는 더욱 그렇다고 여긴다. 즉, 성에 대한 기독교의 관점이 자신만의 정체성을 중시하는 시대정신에 반한다고 보는 것이다. 이는 자아 성취를 추구할 수 있는 자유를 억압하고 진정한 자기를 경험할 수 있는 성적 표현이나 친밀한 행동을 관념적으로 다룬다고 이해하기 때문이다. 한마디로 기독교의 성 윤리가 비현실적일 뿐 아니라 가혹하다는 게 그들의 주장이다.

하지만 초대 교회는 고대 사회가 무엇인가를 미신적으로 금기시하며 억압했던 문화의 연장선에서 그러한 성 윤리를 고수했던 게 아니다. 근본적으로 기독교 성 윤리는 혁명적이었다.

당시 교회는 성 자체를 긍정적으로 받아들이면서도 자아 성취를 위한 수단으로 전락시키지 않았다(그러한 접근은 언제나 힘있는 자들에게만 유리하게 작용했기 때문이다). 오히려 성은 하나님과 우리의 관계를 반영하는 교회 공동체를 지속시키기 때문에 큰 의미가 있었다.[21] 이는 저급한 관점이 아니라 훨씬 더 높은 차원에서 성을 바라볼 수 있는 관점을 제시해 주었다.

오늘날 교회는 성관계가 자아 성취나 실현을 위한 수단이라고 주장하는 세상의 성 문화 논리를 간

파해야 한다. 또 그러한 논리가 결국에는 우리 모두를 비인격적인 대상으로 취급한다는 사실을 지적해야 한다. 왜냐하면 그때의 성관계는 언약 관계를 성숙하게 다지기 위한 방법이 아니라 섹스 소비자를 위한 상품에 불과하기 때문이다. 그러한 성은 공동체를 분열시키고 결혼과 가정생활을 무너뜨린다. 혼외 관계는 결국 거래의 수단으로 이어지기 때문에 진정한 친밀성을 허락하지 않는다.

나아가 로마 사회든 현대 사회든 세상 문화가 성관계를 논하는 방식은 언제나 여성에게 피해를 주기 마련이다(최근에 일어난 '미투 운동'을 생각해 보라). 이와 달리 기독교가 말하는 성관계는 서로에 대한 깊은 배려를 바탕으로 한다. 자신의 인생을 상대를 위해 내어 주며 헌신할 준비가 되어 있는 자들에게만 그러한 관계가 허락되기 때문이다. 이처럼 교회는 세상에 대항하는 성 문화를 공동체 안에서 이루어 가야 한다. 이 문화는 다음과 같은 원칙을 내포한다.

• 남성과 여성은 결혼 전에 성관계를 갖지 않아야

한다.

- 남성과 여성은 상대의 외모나 배경이 아니라 성품에 근거해서 결혼 상대를 찾아야 한다.

- 이혼을 했든 사별을 했든 아니면 처음부터 결혼을 하지 않았든 홀로 있는 지체들도 교회 안에서 가족으로 여겨져야 하며, 그들도 함께 아이들을 돌보고 깊이 교제할 수 있는 기회를 가져야 한다.

- 교회 안에 동성애적 성향을 지닌 이들이 있다고 하더라도 소중한 구성원으로 여겨야 하며 정결한 삶으로 부르시는 주님의 소명을 따라갈 수 있도록 그들을 도와주어야 한다.

- 성과 젠더에 관한 문제로 고민하는 경우라고 해도 그들을 환영하고 겸손과 인내와 사랑으로 그 이야기를 들어주어야 한다.

05 COUNTER-CATECHESIS FOR A DIGITAL AGE

접점 4

디지털 세대를 위한 대항적 교리 문답

세속적 내러티브에 대항할
교리 문답이
필요하다

산상설교에서 예수님은 "너희가 들었으나"(마 5:21, 27, 31, 33, 38, 43 참고)라고 언급하신 후에 "나는 너희에게 이르노니"(마 5:22, 28, 32, 34, 39, 44 참고)라고 말씀하신다. 이는 단지 진리를 가르치기 위해서만이 아니라 당시 종교 지도자들이 말한 내용과 대조되는 가르침을 전달하기 위해서였다.

우리도 예수님처럼 대항적 교리 문답(counter-catechesis)이 필요하다. 즉 성경의 교리를 사용하여 세상 문화가 제시하는 신념을 무너뜨리되 그 문화의 내러티브는 답변하지 못하는 인간 내면의 물음에 대답해 주는 작업을 해야 한다.

여기서 '교리 문답'이라는 표현으로 설명하고자 하는 바는, 꼭 질문하고 답변하는 식으로 이루어지는 전통적인 학습법을 의미하지는 않는다(물론 개인적으로는 그런 방법을 지지하지만, 지금은 거기에 강조점을 두려는 게 아니다). 여기서는 세상의 가르침이 아니라 성경과 교회의 가르침을 따라 기독교인의 신앙을 형성시키는 전반적인 교육 방식을 일컫기 위해 그러한 표현을 사용하였다.

중요한 사실은 교회가 과거에 수행했던 정도에 비하면 오늘날은 사실상 그와 같은 교육을 멈춘 상태에 있다는 점이다. 그 결과 우리는 몇 가지 중요한 사실을 망각하게 되었다.

교리 문답은 언제나
대항적 교리 문답이었다[22]

종교개혁 시대에는 문답 교육이 확산되어 수많은 교리 문답서가 작성되었다. 당시 개신교 교리 문답서는 삼위일체나 기독론보다는 (칭의나 중생과 같은) 구원론이라든가 (성례와 같은) 교회론에 더 많은 지면을 할애했다. 이는 교육의 목적이 단지 가르치는 내용을 받아들이게 하는 데서 그치지 않았기 때문이다. 거기서 더 나아가 개신교인이 되는 데 유일한 장애 요인이었던 로마 가톨릭 교회의 가르침으로부터 교인들을 지키는 데도 그 목적이 있었다.

다시 말해, 개신교 교리 문답서는 성경의 가르침을 제시하여 로마 가톨릭의 오류를 드러내는 데도 목적을 두고 있었으며, 이는 그 자체로 대항적 교리 문답의 기능을 수행했음을 의미한다. 즉 올바른 세계관을 '건설하는' 작업만이 아니라 당시 지배적인 세계관을 '해체하는' 작업도 함께 수행했던 것이다.

그 가운데서도 하이델베르크, 웨스트민스터, 루터의 대소요리문답과 같은 최고의 교리 문답서는 여전히 교회에서 참고해야 할 필수적인 자료이지만, 동시에 오늘날 그대로 활용하기에는 불충분한 점도 있다. 왜냐하면 이 시대에 올바른 개신교인이 되는 데 장애가 되는 요인은 (로마 가톨릭의 가르침이라기보다)

현대 사회의 세속주의이기 때문이다. 오늘날 세속화된 세대도 자기 나름의 명확한 교리를 가지고 있다. 이에 반해 교회가 사용하는 학습 방법과 교리 문답은 성경적으로는 정확할지 몰라도, 세속적 내러티브를 해체하거나 그들의 신념을 약화시키는 방식으로 진리를 제시하지는 못한다.

대부분의 문화적 매체는 우리가 마주하는 현실을 분명한 진리라고 가르친다. 여기서 세속적 내러티브는 그 가르침을 수용하는 신념 체계라고 할 수 있다. 이를테면 광고나 트위터, 음악이나 문학, 신문 오피니언 등을 통해 하루에 열두 번도 더, 아니 정확하게는 거의 매시간 그러한 가르침이 우리에게 주어지고 있다. 이러한 세속적 내러티브는 다음과 같은 신념으로 구성되어 있다.

- 정체성(Identity): "당신은 스스로에게 솔직해야 한다."

- 자유(Freedom): "타인에게 피해를 주지 않는 한 당

신이 선택한 대로 인생을 살아가는 자유를 누려
야 한다."

- **행복**(Happiness): "당신은 자신이 느끼기에 가장 행
  복한 일을 해야 한다. 누구를 위해서도 그 행복
  을 포기해서는 안 된다."

- **과학**(Science): "우리의 문제를 해결할 수 있는 유
  일한 길은 객관적인 과학과 사실로부터만 주어
  진다."

- **도덕성**(Morality): "모든 사람은 무엇이 옳고 그른지
  를 결정할 수 있는 권리를 지닌다."

- **정의**(Justice): "세상 모든 사람의 자유와 권리 그
  리고 공익을 위해 일해야 한다."

- **역사**(History): "역사가 진행될수록 종교는 퇴보하
  고 사회는 진보한다."

이와 같은 문화적 메시지는 나름의 진실을 어느 정도 보여 준다(사실 왜곡되어서 그렇지 역사적으로는 기독교의 가르침에 뿌리를 내리고 있다). 하지만 이것들은 모두 신학적인 오류가 있으며 인간의 삶에도 실제적으로 해를 끼친다. 여기서 성경의 진리는 그처럼 왜곡된 내러티브의 힘을 약화시킬 뿐 아니라 균형을 바로잡는 역할을 한다.

그런데 오늘날 교회에서 이루어지는 교육은 그러한 역할을 제대로 해내지 못하고 있다. 이에 우리는 세상이 기독교인에게 주입하려고 하는 교리 문답이 무엇인지 해설하고, 논파하며, 새로운 이야기로 서술할 수 있는 대항적 교리 문답을 구성해야 한다.

나아가 세속적 교리 문답의 밑바탕에 자리하고 있는 내러티브가 무엇인지를 드러내되 오늘날 문화에서 예를 들어 설명할 수 있어야 한다. 이때 부분적으로는 그러한 내러티브를 인정해 줄 필요가 있을지 모른다. 왜냐하면 진실을 반영하는 내용이 그 안에 있을 수 있기 때문이다. 결국 진실이 왜곡되거나 불균형적으로 표현되어 우상으로 변질되었다는 데 문제가 있다.

따라서 세상의 내러티브를 비판적으로 분석하고 약화시킨 후 어떻게 그리스도 안에서만 그 목적이 가장 온전한 형태로 성취되는지 보여 주는 데 초점을 맞추어야 한다.[23]

교리 문답은
도덕 생태계의 일부로 구성된다

제임스 헌터(James D. Hunter)와 라이언 올슨(Ryan S. Olson)은 *The Content of Their Character*(그들의 성품을 말해 주는 내용)에서 성품이란 교실이 아니라 특정한 공동체 안에서만 전수될 수 있다고 설명한다. 그리고 이러한 원리를 잘 보여 주는 인물로 마틴 루터 킹(Martin Luther King, Jr.)을 예로 든다. 그는 용기를 내어 사회적 정의에 헌신한 모델로 꼽는다.

하지만 그런 인물을 기른 건 어떠한 교실이나 교과서가 아니라 미국의 흑인 교회였다. 헌터와 올슨은 그처럼 성품이 형성될 수 있는 공동체를 '도덕 생

태계'(moral ecology)라고 표현한다.[24] 이는 다음과 같
은 물음에 답변하는 공동체를 의미한다.

첫 번째로 '왜 선해야 하는가'라는 물음에 답변한
다. 이러한 물음은 단순히 '그래야 하기 때문에'라는
답변으로는 해결이 안 된다. 강력한 도덕 생태계는
도덕의 기준을 밑바탕에 깔고 있는 보편적 설명을 요
구하는데, 바로 성경이 그러한 설명을 제공해 준다.
왜냐하면 도덕의 표준을 하나님의 성품에 두고 있기
때문이다. 따라서 성경이 제시하는 설명을 따를 때,
참되신 하나님을 예배하는 일이나 가정을 돌보고 노
동에 참여하는 일, 또 이웃을 내 몸처럼 사랑하는 일
과 같이 다양한 선을 행하도록 창조된 인간의 본질에
대해서도 도덕의 기준을 논할 수 있게 된다.

두 번째로 '무엇이 구체적으로 선한가'라는 물음
에 답변한다. 이 물음에는 '무엇이 올바른 예배인가',
'무엇이 진정한 이웃 사랑인가', '무엇이 온전한 선행
인가'와 같은 물음들도 포함된다. 여기서도 우리는
성경의 도덕적 지침으로부터 답변을 얻을 수 있다.
특히 십계명이나 잠언, 산상설교나 고린도전서 13장,

그리고 지난 역사에서 그러한 본문을 해설한 여러 자료들로부터 답변을 얻을 수 있다.

세 번째로 '무엇이 선하지 않은가'라는 물음에 답변한다. 이때 세상 문화가 논하는 도덕적 가치와 담론을 성경의 가르침과 대조함으로써 그 물음에 답변해야 한다. 여기서 우리는 인류의 성장이 아니라 개인과 사회의 퇴보를 가져오는 병폐와 관습을 분별해야 한다.

네 번째로 '누가 선한가'라는 물음에 답변한다. 이 답변은 상상력을 요구한다. 순전히 추상적인 원리만 제시하는 답변은 부족하다. 인간의 마음은 추상적인 관념이 아니라 구체적인 이야기에 사로잡힌다. 따라서 도덕 생태계는 도덕적 원리를 호소력 있게 구현하는 모델을 제시해야 한다. 이 모델에는 크게 두 가지 종류가 있다.

- 먼저는 과거의 영웅이나 본보기이다. 이러한 모델은 가상적인 인물일 수도 있고 역사적인 인물일 수도 있다. 작가나 예술가 또는 영화 제작자가 그러한 인물을 다룬다면, 선악의 현실을 보여 주는 이

야기를 담는 데 초점을 맞추어야 한다.

- 다음으로는 현시대에 공존하는 모델이다. 어떠 한 도덕 생태계든 도덕의 기준을 매력적인 방식 으로 구현하는 인물이 실제로 공동체 안에 존재 해야 한다.

다섯 번째로 '어떻게 우리가 일상에서 선할 수 있 는가'라는 물음에 답변한다. 이 답변은 도덕적 담론 을 요구한다. 이는 곧 '어떻게 도덕적 원리를 이 상황 에 적용할 수 있는가' 또는 '지금 여기서 행해야 할 바 른 행동은 무엇인가'와 같은 질문을 가지고 대화하는 과정을 의미한다.

그렇다면 이러한 도덕 생태계가 그토록 중요한 이유는 무엇일까? 바로 오늘날의 심각한 위기 상황 때문이다. 곧 이 시대의 세속 문화가 그 자체의 도덕 이론이 모순적임에도 불구하고 디지털 기술을 통해 끊임없이 우리를 에워싸는 강력한 도덕 생태계를 형 성하고 있다. 그 영향력은 일주일에 그저 2-3시간 모

여 예배를 드리거나 성경 공부를 하는 기독교인에게
는 가히 압도적이라고 할 수 있다.

하루 동안 우리가 스마트폰에 쏟는 시간과 그러
는 사이 여러 이미지와 영상과 반복되는 표어를 접
하며 받아들이는 정보의 양은 지금까지 존재한 그
어떤 환경보다 우리를 철저히 에워싸며 일상적인 행
동에 깊은 영향을 미친다. 그리고 상상력을 자극하
며 다양한 내러티브를 만들어 낸다. 이에 비하면 (한
세대 전만 해도 논란이 되었던) TV의 영향력은 하찮게 보
일 뿐이다.

이처럼 디지털 콘텐츠를 소비하는 이들은 교회에
서 받는 그 어떤 교육보다 효과적인 방식으로 세상의
교리 문답을 받고 있는 셈이다. 게다가 훨씬 더 긴 시
간으로 말이다. 이를 '세뇌 교육'이라고 불러도 과장
이 아니다. 이는 조지 오웰(George Orwell)이 《1984》
에서 이미 묘사한 상황이다.

그렇기 때문에 이제는 교회 안에서 지도를 받으
며 성장했다고 해도 아무렇지 않게 다음과 같이 말
하는 청년들을 볼 수 있다. "서로가 진짜 사랑해서 육

체 관계를 갖는데 뭐가 문제인지 모르겠어요." 이에 당황한 부모들은 성경 본문을 그들에게 제시하기도 하지만, 별다른 효과가 없다. 왜냐하면 그러한 관계가 충분히 가능하다고 이야기하는 시대의 내러티브, 곧 정체성과 자유와 도덕성에 관한 내러티브가 그들의 의식 밑바닥에 자리하기 때문이다. 따라서 우리는 문화적 내러티브가 아니라 성경적 내러티브로 어떻게 기독교인의 신앙을 만들 수 있을지 알아야 한다.

제임스 스미스(James K. A. Smith)는 우리의 성품이 지성적인 교육만이 아니라 (성찬이나 예술 또는 문학과 같이) 상상력을 일깨우는 활동을 통해서도 깊이 형성된다고 설명한다.[25] 그런 점에서 기독교인의 성품을 형성하는 대항적 교리 교육은 다음과 같은 특징을 갖추어야 한다.

- 기독교의 기본 진리가 후기 현대 문화의 내러티브와 어떻게 다른지 직접적으로 대조하여 나타낼 수 있는 새로운 방식의 문답 교육이 이루어져야 한다(이때 앞서 언급했듯이 "너희가 들었으나"—"나는

너희에게 이르노니"와 같은 패턴이 반영되어야 한다).

- 고대의 예배 방식을 현대의 문화적 상황 속에 조화시킨 예배를 드려야 한다.

- 기독교의 이야기를 전달하는 예술을 활용해야 한다.

- 기독교인의 성품을 형성할 수 있도록 목회자와 평신도 리더십을 함께 교육하는 신학 훈련을 진행해야 한다.

- 현대인의 바쁜 일상으로 거의 사라져버린 경건의 시간을 재개발해야 한다.

이와 같이 기독교인의 성품을 기르는 교육 과정은 복음의 접점을 '내부적으로' 마련하는 일이 된다. 이 과정을 성공적으로 마치면, 그렇게 형성된 성품을 통해 일터를 비롯한 다른 영역에서 '외부적으로' 영향력을 미치게 된다.

06 FAITHFUL CHRISTIAN PRESENCE IN PUBLIC SPHERES

접점 5

공적 영역에 남아 있는 신실한 기독교인

삶의 모든 영역에서
신앙과 일의
통합을 이루다

오랫동안 서구 교회는 기독교 문화권 내에서 살아가는 교인들로 구성되어 있었다. 레슬리 뉴비긴(Lesslie Newbigin)에 따르면, 과거에 기독교인은 교육, 의료, 예술, 음악, 농업, 정치, 경제 분야를 막론하고 어떤 영역에서 일을 하더라도 굳이 교회에 찾아가서 조언을 구할 필요가 없었다. 왜냐하면 각 분야에서 인정받는 전문가들이 이미 기독교적 사고방식으로 현실과 도덕의 문제를 해석했기 때문이다. 이는 교회가 다음과 같은 상황에 있었음을 의미한다.

뜻밖의 일만 갑자기 발생하지 않는다면, '신앙적인'

문제에 집중할 수 있었다. 이를테면 예배와 교육과 친교를 위한 기회만 제공하면 되었다. 교인들이 직장에 가더라도 계속해서 기독교적 기준에 따라 사고하고 행동할 여지가 충분했기 때문이다. 따라서 교회는 보다 넓은 기독교 문화권 속에서 느슨하게 모이는 소그룹이 되는 경우가 많았다.[26]

비기독교적 문화 속에서
일어나는 고민

물론 상황은 완전히 달라졌다. 이제 우리는 (이성과 과학, 개인주의, 상대주의, 그리고 유물론적 세계관에서 볼 수 있듯이) 비기독교적 사고방식과 관심사가 지배적인 문화 속에서 살아간다. 비기독교적 문화에도 선한 요소가 있을 수 있지만 기독교인은 그와 다른 원리로 운영되는 공동체의 일원이기에, 어떻게 하면 신실하게 그 신앙을 지키면서 자신을 둘러싼 세상과 소통할 수 있을지 고민해야 한다.

버지니아대학교에서 종교와 문화 및 사회 이론을 가르치는 제임스 헌터(James D. Hunter)는 자신의 책 *To Change the World: The Irony, Tragedy, and Possibility of Christianity in the Late Modern World*(세상을 바꾸다: 후기 현대 사회에서 드러나는 기독교의 아이러니, 비극, 그리고 가능성)에서 지금까지 기독교인이 시도했던 세 가지 문화적 전략을 소개하고 있다. 이는 모두 다 결점이 있는 전략이라고 한다.

- 문화로부터 자신을 방어하면서 그 문화를 지배하려는 전략

- 문화의 영향을 받지 않기 위해 그 문화로부터 철수하려는 전략

- 문화와 타협하고 그 문화에 동화되려는 전략

여기서 헌터가 제시하는 대안적 전략은 문화 속에 그대로 있되 신실한 기독교인으로 남아 있는 전

략이다. 그는 기독교인이 문화를 지배하려 하거나 또는 그로부터 철수하려 하거나 아니면 그에 동화되려 해서는 안 된다고 설명한다. 오히려 기독교인은 문화의 전 영역에 들어가 빛과 소금이 되어야 한다. 이때 자신의 신앙을 신실하게 지키면서 타인을 섬겨야 한다고 강조한다. 여기서 신실하다는 말은, 성경의 가르침에 진실히 반응하면서 그 문화 속에 남아 있는 자세를 의미한다.

삶의 모든 범위로
기독교의 영향력이 확장되며

그런데 이처럼 '신실하게 남아 있기'(faithful presence, 신실한 현존)는 오늘날 그 자체로 큰 도전이 될 수 있다. 엘리자베스 브뤼닉(Elizabeth Bruenig)이 쓴 흥미로운 기사가 〈워싱턴 포스트〉(*Washington Post*)에 실린 적이 있다. 제목은 "하나님의 국가에서"(In God's Country)이다. 이 기사는 변동하는 문화

를 바라보는 복음주의자들의 관점이 어떻게 바뀌게 되었는지를 다루고 있다.[27]

여기서 그녀는 헌터와 다른 용어를 사용하지만, 기본적으로는 앞선 세대가 추구한 복음 전도에 관해 동일한 분석을 내놓는다. 즉 이전 세대는 문화로부터 스스로를 방어하면서도 그와 동시에 권력을 쟁취하거나 기독교 관련 법률 등을 제정함으로써 사회를 변화시키려 했다는 분석이다.

이와 달리 오늘날 복음주의자들은 사회를 변화시키려 하지 않는다고 설명한다. 변화의 기회가 이미 지나갔다고 느끼기 때문이다. 그래서 오늘날 그들은 단지 생활방식만 지키려 한다고 지적한다. 그래야 자신들이 원하는 방식대로 살아갈 수 있기 때문이다. 이처럼 한때 사회를 변화시키겠다는 동기가 이제는 사회로부터 철수하려는 동기로 바뀌고 말았다.

이러한 상황에서 '신실하게 남아 있기' 전략은 오늘날 대부분의 복음주의자들이 취하는 문화적 전략에 상반되기에 큰 도전이 된다. 왜냐하면 문화 속에 신실하게 남아 있기 위해서는 모든 기독교인이 다른 기독교인으로부터 조언을 얻어야 하기 때문이다. 단지 개인적인 신앙이나 교회 활동에 대해서만이 아니라, 삶의 모든 영역에서 어떻게 생각하며 살아야 하는지 알아가기 위해 도움을 얻어야 한다. 교회에서만이 아니라 일터에서도, 사적 영역만이 아니라 공적 영역에서도 그러한 도움이 필요하다는 말이다.

모든 사회에서는 '문화적 경제 활동'(cultural economy)이 일어난다. 이러한 활동이 이루어지는 공적 영역에서는, 그 문화 속에서 사람들이 어떻게 살아야 하는지를 알려 주는 사고와 관습이 만들어진다. 가령 학문과 비즈니스, 예술과 언론, 법률과 행정 등이 모두 다 그런 영역에 속한다.

그렇기에 교회는 모든 교인들을 훈련시켜 그들이 지닌 신앙과 일터에서의 활동이 서로 통합되도록 도와야 한다. 이를테면 "매일 비즈니스 현장에서, 지방 의회에서, 다국적 기업 회의실에서, 노동조합에서, 대학 강당과 학교 교실에서" 그러한 통합이 이루어지도록 도와야 한다.[28]

이는 인간이 살아가는 모든 삶의 범위로 기독교

의 영향력이 확장되는 비전을 보여 준다. 기독교인이 사회를 지배하기 때문이 아니라, 그 사회에 신실하게 남아 있기 때문이다.

뉴비긴은 이러한 비전이 구체화되는 데 필요한 조언을 다음과 같이 전한다.

> 교회에서 모일 때마다 우리는 다른 무엇보다 평신도가 복음의 영광을 추구하며 세상 속에서 자신의 일과를 매일 감당할 수 있도록 도와야 한다. … 그리하여 과학자, 경제학자, 정치철학자, 예술가 또는 그 누구든 간에 철저한 신학적 사고에서 주어지는 통찰로 빛을 발해야 한다. 이처럼 평신도에게 최적화된 신학을 위해 교회가 맡아야 할 역할은 안주인 노릇이 아니라 종노릇이다.[29]

여기서 마지막으로 진술된 문장, '교회가 종으로 섬겨야 한다'는 문장은 매우 중요하다. 흔히 기독교 공동체에서는 사명을 어떻게 감당할지에 대해 목회자가 '모든 답변'을 가지고 있는 경우가 많다. 그러나 목회자는 여러 직업 분야를 충분히 알지 못한다. 그러한 영역에서 이루어지는 활동에 복음이 어떤 영향을 미치는지 충분히 알지 못한다.

그러므로 목회자와 평신도가 한자리에 모여, 어떻게 기독교인이 공적 영역에서 사명을 감당할 수 있을지 의논해야 한다. 그래야 서로에게 없는 지식을 각자가 다른 사람으로부터 배울 수 있기 때문이다.

이 시대 속에서
빛과 소금으로 살아가기

오늘날 우리는 공적 영역에서 기독교인의 신앙과 가치관을 드러내서는 안 된다는 말을 자주 듣는다. 물론 여기에는 그릇된 가정이 자리하고 있다. 바로 일관된 세계관으로부터 도출되는 통합적인 믿음이 없더라도 각자에게 주어진 일을 할 수 있다는 가정이다. 또한 아이러니하게도, 신앙을 사적 영역에서만 가져야 한다는 말은 신앙과 세계에 대한 세속적 믿음을 오히려 기독교인에게 강요하는 일이 되고 만다.

따라서 이러한 때일수록 일터에서 신앙과 일을 분리하지 않도록 교인들을 훈련시켜야 한다. 그래야 기독교 신앙이 직장에서 어떤 영향을 미치는지 이해할 수 있기 때문이다.

마태복음 5장 13절은 우리를 향해 "세상의 소금"이라고 말한다. 이는 놀라운 메타포가 아닐 수 없다. 고대 사회에서 소금은 음식의 맛을 내는 데만이 아니라 음식이 썩지 않도록 보존하는 데에도 사용되었다. 그런 차원에서 우리를 향해 세상의 소금이라고 하는 말씀에는 우리가 세상에서 일을 할 때 정직하게, 열심히, 최선을 다함으로써 그러한 일이 부정행위로 변질되지 않게 해야 한다는 의미도 포함된다. 그리고 이때 우리는 자신의 신앙을 숨겨서는 안된다.

예레미야 29장은 이스라엘 백성이 바벨론에 포로로 사로잡혀 간 후에도 그 도시의 평안을 구해야 한다는 메시지를 들려준다. 거기서 집을 짓고 텃밭을 만들며 번성하라고 말한다. 우리도 그와 같이 세상에서 우리의 신앙을 그대로 가지고 사람들을 섬기고 좋은 이웃이 되며 그 문화 속에 참여해야 한다.

만일 오늘날 기독교인이 그렇게 살아가도록 준비된다면, 복음은 세상에서 더욱 빛을 발하고 자연스럽게 소금의 맛을 내게 될 것이다. 우리가 그저 정치적 행보를 위해 권력을 손에 넣으려 하거나 아니면 세상으로부터 철수하여 사적 영역에서만 기독교인으로 살아가려 해서는 이러한 변화가 결코 일어나지 않는다. 그럴 때에는 삶의 모든 현장에 복음이 적용되지 않기 때문이다.

디지털 콘텐츠를 소비하는 이들은 교회에서 받는 그 어떤 교육보다 효과적인 방식으로 세상의 교리 문답을 받고 있는 셈이다. 게다가 훨씬 더 긴 시간으로 말이다. 이를 '세뇌 교육'이라고 불러도 과장이 아니다. 이는 조지 오웰(George Orwell)이 《1984》에서 이미 묘사한 상황이다. 따라서 우리는 문화적 내러티브가 아니라 성경적 내러티브로 어떻게 기독교인의 신앙을 만들 수 있을지 알아야 한다.

07 GRACE
TO THE POINT

접점 6

다시 발견하는 복음의 은혜

복음의 은혜를
재발견하다

우리는 복음이 제시하는 '은혜'와 종교가 제시하는 '도덕'의 차이를 늘 인지해야 한다. 오늘날 많은 교회가 자기 의나 우월 의식에 빠지는 이유가 무엇일까? 왜 자신과 다르면 배척하려고 할까? 왜 초대 교회가 보여 준 사회적 책임과 역할을 제대로 이행하지 못할까? 이유는 기독교 신앙의 핵심을 자주 망각하기 때문이다.

복음이 없이는
소망도 없다

지난 몇 세기 동안 기독교는 세계 여러 지역에서 '각성'과 '부흥'이라고 할 만한 변화를 경험했다. 그러한 부흥의 시기에는 교회가 회심을 통해 크게 성장하고 문화 속에 적극 참여하며 건강한 사회적 변화를 이끌어 냈다. 또한 새로운 공동체를 개척하고 오래된 공동체를 갱신했다. 이와 같은 변화를 야기한 요인에 대해서는 많은 설명을 할 수 있겠지만, 무엇보다도 그 핵심에 복음의 은혜를 재발견한 일이 있었음을 부인할 수 없다. 우리에게는 어떠한 값도 요구하지 않지만, 우리를 구원하신 이에게는 무한한 값을 요구한 은혜 말이다.[30]

우리가 스스로 노력해서 구원받았다는 착각에 빠지면, 교만과 불안 두 가지 심적 상태를 벗어날 수 없게 된다. 교만해지는 이유는 하나님과 세상이 우리의 노력을 알아 주어야 한다는 생각이 들기 때문이다. 불안해지는 이유는 우리가 진정으로 선하게 살았다는 확신이 들지 않기 때문이다. 따라서 오직 그리스도 안에서 은혜로 말미암아 믿음으로만 주어지는 구원을 교리적으로 뿐 아니라 경험적으로 알지 못한다면, 기쁨을 상실하고 불안에 빠지게 된다. 또 감사를 상실하고 교만에 빠지게 된다.

바로 그럴 때 세상은 교회의 결점을 순식간에 찾아내며 복음의 메시지를 거절하는 게 마땅하다고 여기게 된다. 어떤 점에서는 그런 반응이 틀리지 않다. 교회가 사랑과 섬김이 아니라 계속해서 권력을 쥐고 군림하려는 모습만 보인다면, 이는 자신이 선포하는 복음을 실제로는 믿고 있지 않다는 모습과 같기 때문이다. 교회가 그처럼 복음을 믿지 않는데, 세상이 왜 믿어야 하겠는가?

랜던 길키(Langdon Gilkey)는 《산둥 수용소》 (Shantung Compound)에서 자신이 일본군에 의해 중국 산둥에 억류되어 있을 때 경험한 내용을 소개한다. 그가 경험한 바에 따르면, 당시 신앙을 가진 사람들은 신앙을 갖지 않은 사람들만큼이나 이기적이고 계산적이었다. 즉 많은 선교사들이 그곳에 인질로잡혀 있었지만, 그들은 거기서도 파벌을 만들어 오로지 자신만을 위해 일했다고 한다.

하지만 그중에서도 뭔가 다른 모습을 보인 사람이 있었다. 바로 올림픽 금메달리스트이자 영화 〈불의 전차〉(Chariots of Fire)의 실존 인물인 에릭 리델(Eric Liddell)이었다. 리델은 자신을 위해서는 별로 걱정하지 않았다. 오히려 지칠 줄 모르는 노력으로 나이든 수감자들을 돌보았고, 성경과 과학 수업을 열어 다른 이들을 가르쳤으며, 아이들을 위해서는 게임과 댄스 타임을 준비하곤 했다. 그곳에서 죽음을 맞이하기 전까지 그렇게 행동했다. 이러한 희생적인 모습에서 길키는 종교를 통해 습득한 도덕과 복음을 통해 경험한 은혜가 얼마나 다른지 목격할 수 있었다. 그는 이렇게 결론을 내린다.

종교는 인간이 품고 있는 이기심이라는 문제가 자동적으로 해결되는 장소가 아니다. 오히려 종교야말로 인간의 교만과 하나님의 은혜가 마지막까지 격전을 벌이는 전장이다. 인간의 교만이 전투에서

승리하면, 종교는 인간이 범죄하는 데 필요한 수단으로 전락하고 만다. 그러나 전장에서 인간의 자아가 하나님을 만나 자신의 유익을 초월하는 부르심에 항복하면, 그때서야 종교는 우리 모두가 붙들고 있는 자기중심적 관심사로부터 벗어날 수 있는 길을 열어 준다. 이러한 해방은 정말로 필요하지만 상당히 드물게 일어난다.[31]

그렇다. 상당히 드물게 일어난다. 하지만 복음만이 그러한 해방을 가져다준다. 그렇기에 복음이 없이는 소망도 없다.

PART 3

HOW
TO
REACH
THE
WEST
AGAIN

주님의 교회는
여전히 위대한 일을
꿈꿀 수 있다

08

부흥의 약속에는
마감 기한이 없다

지금까지 탈기독교 사회에서 교회가 겪는 어려움과 그 안에서 감당해야 할 책임이 무엇인지를 소개했다. 모두 다 만만치 않은 과제들이다. 그래서 낙담하기가 쉽다. 그러나 우리의 사기를 돋우는 소식이 남아 있다.

세계 기독교의
영향력

현시대의 상황은 서구 기독교에 우호적으로 보이지 않는다. 하지만 서구 사회가 더 이상 기독교의 중심 무대는 아니다. 20세기를 거쳐 21세기에 들어서며 교회사에서 확인되는 가장 눈에 띄는 발전은 단

연 비서구권 기독교의 폭발적인 성장이라고 할 수 있다. 그리고 그 성장 세력의 주류로는 복음주의와 오순절주의를 꼽을 수 있다.

오늘날 기독교 인구 중 70퍼센트는 비서구권에 살고 있으며, 서구에 있는 기독교인이라고 해도 많은 경우는 백인이 아니라 비서구권에서 온 사람들이다. 예를 들어, 아프리카 가나에 있는 장로교인이 미국과 영국 전역에 있는 장로교인보다 많다. 또한 미국과 영국에 있는 성공회 교인을 통틀어도 나이지리아에 있는 성공회 교인보다 적다. 이러한 상황에서 북미와 유럽에 살고 있는 대다수의 비기독교 인구는 줄어들고 있다.

그러는 사이 기독교 인구는 복음 전도와 출산율에 근거하여 빠르게 증가하는 추세이다. 그리고 이민과 선교 사역을 통해 많은 지역에서 교회가 성장하고 있다. 따라서 비기독교 인구 내지 신앙에 관심이 없는 사람들의 비율은 상대적으로 줄어 21세기 중반까지 16퍼센트에서 13퍼센트로 떨어질 전망이다.[32]

개인의 결단을 강조하는
신앙의 영향력

후기 현대 문화에서 사람들은 복음주의 기독교가 드러내는 대부분의 모습을 싫어한다. 그런데 적어도 한 가지 특징은 매력적으로 느낀다. 바로 개인의 결단을 강조하는 특징이다.

어떤 종교는 형식적으로 대물림되는 경우가 많다. 가문이나 민족의 배경 때문에 태어나면서부터 이어받아 계속해서 유지하는 경우처럼 말이다. 그래서 "저는 노르웨이 출신이라서 루터교인입니다"라든가 "이탈리아가 고향이어서 가톨릭 신자입니다"라든가 "저는 인도 사람이라서 힌두교인이에요"라는 말을 듣게 된다.

하지만 오늘날은 개인의 선택과 의사를 강조하는 시대이다. 젊은이들은 더 이상 스스로 선택하지 않은 길을 그대로 따라가려고 하지 않는다. 이러한 이유 때문에 전통적인 신앙의 계승을 강조하는 가톨릭이나 기존의 개신교단이 쇠퇴하고 있을지도 모른다.

유럽에서도 국가 교회(State Church)는 사람이 없어 자리가 텅텅 빈다.

이와 같은 문화적 상황에서 복음주의 신앙은 호소력을 지닌다고 볼 수 있다. 왜냐하면 각 개인이 신앙을 결단하고 회심을 경험하는 일을 중요하게 여기기 때문이다. 이러한 복음주의 신앙은 개인의 선택을 강조하는 오늘날 문화에 적합하기도 하지만, 또 한편으로는 도전이 되기도 한다.

그리스도를 따르기로 결단하는 일은 곧 우리 자신의 관점이 아니라 그분의 권위에 순종하며 살아가겠다는 결단을 의미하기 때문이다.

문화를 형성하는
도시의 영향력

오늘날 기독교의 성장은 주로 백인들이 아닌 비서구권 사람들에 의해 일어난다. 특히 종교를 물려받기보다 자신이 스스로 선택하기를 원하는 젊은 세대 사이에서 성장의 에너지를 확인할 수 있다. 이러한 이유로 서구 사회에서도 큰 도시들이 새롭게 성장하는 교회의 본거지가 되기도 한다. 그 안에는 젊은 세대와 여러 민족이 함께 모여 있기 때문이다.

일반적으로 말해서 도시는 현대 사회의 문화를 잉태하고 생산하는 모태와 같은 역할을 한다. 도시의 근접성과 밀집성이 그곳에 모인 사람들의 다양한 재능을 발전시켜 새로운 혁신과 창조적인 사업을 일으키고 그 영향을 문화 저변으로 확산시키기 때문이다.

따라서 교회가 도시와 함께 성장한다면, 다시 말해 도시에 사는 기독교인이 늘어나서 비즈니스, 예술, 언론, 학계 등에서 신앙과 분리되지 않은 생활을 하며 사회의 정의와 자비에 헌신한다면, 계속해서 세상의 빛과 소금으로 존재하게 될 것이다.

위대한 일은
전례없이 일어난다

20세기가 될 때까지 비서구권, 비기독교 국가에서 기독교 인구가 급속도로 증가하는 부흥은 한 번도 일어나지 않았다. 그러다가 1907년이 되어 한국에서 장로교를 중심으로 부흥이 일어났고, 1930년대에는 동아프리카 지역에서 성공회가 주축이 되어 부흥이 일어났다. 중세 시대에 수도원을 중심으로 확산된 갱신 운동도 그 전에는 일어난 적이 없었고, 종교개혁도 그 전에는 일어난 적이 없는 역사였다. 대각성도 마찬가지로 전례가 없던 사건이었다.

탈기독교시대에는 아직 한 번도 기독교 부흥이 일어나지 않았다. 그러나 모든 위대한 일은 전례없이 일어난다. 예수님이 말씀하셨다. "내가 교회를 세우리니 음부의 권세가 이기지 못하리라"(마 16:18). 이 약속에 마감 기한은 없다.

탈기독교 사회에서 복음의 접점을 마련하기 위해서

는 '협력적이면서도 독립적으로' 사고하는 교회가

필요하다. 복음 전도와 양육, 기독교 세계관과 문화

비판, 부흥과 영적 각성, 정의와 자비의 사역, 신앙

과 일의 통합, 그리고 성 윤리에 관한 역사적 기독

교의 관점 등 모든 문제에 대해 완벽하게 준비된 개

인이나 교회란 존재하지 않기 때문이다.

세상을 감동시키는 교회로
다시 세워지기를 소망하며

탈기독교 사회에서 복음의 접점을 마련하기 위해서는 협력적이면서도 독립적으로 사고하는 교회가 필요하다.

왜 협력적인 사고가 필요할까? 지금까지 설명한 모든 사안에 두루 강점을 갖춘 단 하나의 교단이나 전통은 존재하지 않기 때문이다. 곧 복음 전도와 양육, 기독교 세계관과 문화 비판, 부흥과 영적 각성, 정의와 자비의 사역, 신앙과 일의 통합, 그리고 성 윤리에 관한 역사적 기독교의 관점 등 모든 문제에 대해 완벽하게 준비된 개인이나 교회란 존재하지 않는다.

그렇다면 왜 독립적인 사고가 필요할까? 뉴비긴이 반복해서 강조한 바와 같이, 오늘날 교회가 세속 문화에서 발생하는 온갖 우상에 사로잡혀 있지만 실제로는 서로 다른 배경에서 서로 다른 우상을 추구하고 있기 때문이다. 그런 점에서 지금까지 언급한 모든 논의에 전부 다 찬성하는 교회 역시도 존재하지 않는다. 전통적인 배경에 속한 교회에서는 현대 복음주의나 성 윤리에 관한 담론이 불편하게 여겨질 수 있고, 마찬가지로 인종이나 경제 관련 이슈에서 정의를 강조하면 민감하게 반응하는 교회도 있을 수 있다.

그렇기에 복음의 접점을 마련하고자 애쓰는 이들이라면, 서로의 비판에 귀를 기울이며 자신을 점검하는 훈련을 지속할 필요가 있다. 그러면서도 이와 동시에 각자가 세속 문화에서 경험하는 우상의 문제를 다루는 데 타인의 조언을 일방적으로 따라갈 수는 없다. 그러므로 협력적이면서도 독립적으로 사고하는 훈련이 이루어져야 한다.

부록

세상에 닿는
복음 전략
정리 노트

기독교의 영향력이 감소하는
세상 속에서

현대 문화에 대한 기독교의 영향력이 감소하는 현실을 대할 때 우리는 염려하게 된다. 하지만 이러한 때일수록 스스로를 점검하고 기도하며 어떻게 새로운 복음의 접점을 마련하여 그 문화 속에 들어갈 수 있을지 따져 보아야 한다.

01

오늘날 교회가 직면한 난제들

역사상 처음으로
신성한 질서를 거부하다

탈기독교시대에 복음 전도가 어려운 이유가 있다. 과거
에는 신성한 질서에 대한 믿음을 거의 모든 사람이 공유
했다. 그렇기 때문에 사후 세계 또는 절대적인 도덕이나
죄의식이 존재한다는 사실을 전제로 복음 전도를 계획
할 수 있었다. 그러나 죄의식이나 초월성에 대한 인식도
없고 전통적인 신앙의 이해도 부실해서 절대자나 사후
세계를 전혀 믿지 않는 사람들에게 복음을 전해야 한다
는 점에서 현대 교회는 어려움에 봉착해 있다.

* 현대 교회가 당면한 3가지 어려움
  1) 탈기독교 사회와 복음 전도의 어려움
  2) 디지털 문화와 신앙 성장의 어려움
  3) 분열된 문화와 정치 양극화의 어려움

Part 1

02

복음으로 현대 문화를 분석하다

오늘날의 문화가 제시하는 내러티브에 어떤 결점이 있는지 드러내며, 그러한 내러티브가 인간의 본성 및 근원적인 양심에도 부합하지 않는다는 사실을 보여 주어야 한다. 이러한 과정을 거치고 나서, 어떻게 그와 다른 새로운 내러티브가 복음의 아름다운 진리를 통해 완성되는지 제시해야 한다.

· 현대 문화에서 개인이 직면하는 4가지 현실

   1) 모든 가치는 상대적이다.

   2) 모든 관계는 교환적이다.

   3) 모든 정체성은 깨지기 마련이다.

   4) 모든 만족의 근원은 실망을 가져다준다.

Part 2

절점 2 복음 전도의 역동성

역동적인 초대 교회의 전도를 배우다

초대 교회가 보여 준 역동적인 복음 전도를 현대판으로
재현할 수 있어야 한다. 그 당시 사람들이 복음에 주목
했던 이유는, 자신들이 잘 알고 있으며 평소에도 일을
함께 하는 이가 직접 복음을 전했기 때문이다. 우리는
초대 교회처럼, 사람들이 복음을 '주목'하여 '매력'을 느
낄 뿐 아니라 그 '예증'을 확인하고 마침내는 '확신'에 이
를 수 있도록 도와주어야 한다.

- 초대 교회의 역동성을 구성하는 4가지 요소

  1) 주목(Attention): 복음을 주목하게 만들다

  2) 매력(Attraction): 기독교에만 있는 탁월한 요소를
     보여 주다

  3) 예증(Demonstration): 사람들의 궁금증에 진리로
     답변하다

  4) 확신(Conviction): 설득력 있는 방식으로 복음을 제
     시하다

04

접점 3 세상의 통념을 바꾸는 사회적 자세

초대 교회가 보여 준 사회적 책임과 역할을 따르다

기독교는 초대 교회 시대뿐 아니라 오늘날도 세상의 통념을 바꾸는 유일한 공동체이다.

- 초대 교회가 지닌 5가지 사회적 자세
  1) 여러 인종과 민족이 함께한 공동체
  2) 가난한 사와 소외된 지를 돌보는 데 헌신한 공동체
  3) 되갚지 않고 용서한 공동체
  4) 낙태를 비롯한 유아 살해를 강력히 반대한 공동체
  5) 성 윤리를 근본적으로 바꾼 공동체

- 현대 교회가 추구해야 할 5가지 사회적 자세

  1) 다민족 교회를 세우는 공동체

  2) 가난한 자를 돌보고 정의를 추구하는 공동체

  3) 공손한 자세로 소통하는 화평의 공동체

  4) 생명을 소중히 여기는 공동체

  5) 세상에 대항하는 성 문화를 이루는 공동체

05

접점 4 디지털 세대를 위한 대항적 교리 문답

세속적 내러티브에 대항할 교리 문답이 필요하다

디지털 콘텐츠를 소비하는 이들은 교회에서 받는 그 어떤 교육보다 효과적인 방식으로 세상의 교리 문답을 받고 있다. 게다가 오늘날 세속 문화는 디지털 기술을 통해 끊임없이 우리를 에워싸는 강력한 도덕 생태계를 형성하고 있다. 우리는 이에 대항할 수 있는 성경적 내러티브로 어떻게 기독교인의 신앙을 만들 수 있을지 고민해야 한다.

_____

_____

_____

06

공적 영역에 남아 있는 신실한 기독교인

삶의 모든 영역에서 신앙과 일의 통합을 이루다

교회는 모든 교인들을 훈련시켜 그들이 지닌 신앙과 일
터에서의 활동이 서로 통합되도록 도와야 한다. 그럴 때
에만 복음은 세상에서 빛을 발하고 자연스럽게 소금의
맛을 내기 때문이다.

- 기독교인들이 시도했던 3가지 문화적 전략
  1) 문화로부터 자신을 방어하면서 그 문화를 지배하
     려는 전략
  2) 문화의 영향을 받지 않기 위해 그 문화로부터 철
     수하려는 전략
  3) 문화와 타협하고 그 문화에 동화되려는 전략

_____

_____

_____

07

접점 6 다시 발견하는 복음의 은혜

복음의 은혜를 재발견하다

오늘날 우리는 왜 초대 교회가 보여 준 사회적 책임과 역할을 제대로 이행하지 못할까? 기독교 신앙의 핵심을 자주 망각하기 때문이다. 종교를 통해 습득한 도덕과 복음을 통해 경험한 은혜가 얼마나 다른지 보여 주어야 한다. 복음이 없이는 소망도 없다.

08

Part 3

기독교인의 사기를 북돋우는 소식

부흥의 약속에는 마감 기한이 없다

탈기독교 사회에서 교회가 겪는 어려움으로 인해 낙담하기 쉽다. 하지만 우리의 사기를 돋우는 소식이 남아있다. 바로 비서구권에서 기독교 인구가 계속해서 증가하고 있다는 소식이다.

- 기독교인의 사기를 북돋우는 3가지 소식
  1) 세계 기독교의 영향력
  2) 개인의 결단을 강조하는 신앙의 영향력
  3) 문화를 형성하는 도시의 영향력

_____

_____

_____

_____

세상을 감동시키는 교회로
다시 세워지기를 소망하며

복음 전도와 양육, 기독교 세계관과 문화 비판, 부흥과 영적 각성, 정의와 자비의 사역, 신앙과 일의 통합, 성 윤리에 관한 역사적 기독교의 관점 등 모든 문제에 대해 협력적이면서도 독립적으로 사고하는 훈련이 필요하다.

주   ENDNOTES

1. "In U.S., Decline of Christianity Continues at Rapid Pace," Pew Research Center's Religion & Public Life Project, accessed November 12, 2019, https://www.pewforum.org/2019/10/17/in-u-s-decline-of-christianity-continues-at-rapid-pace. 또한 다음을 참고하라. https://religioninpublic.blog/2019/10/24/american-religion-in-2030.

2. "Small, Struggling Congregations Fill U.S. Church Landscape," *LifeWayResearch*, accessed March 6, 2019, https://lifewayresearch.com/2019/03/06/small-struggling-congregations-fill-u-s-church-landscape.

3. Jonathan Edwards, *The Works of Jonathan Edwards.* Vol. 1 (Edinburgh: Banner of Truth Trust, 1995), 397-403.

4. "Average Time Spent Daily on Social Media (with 2019 Data)," *BroadbandSearch*, accessed October 1, 2019, https://www.broadbandsearch.net/blog/average-daily-time-on-social-media#post-navigation-1.

5. "Teens Today Spend More Time on Digital Media, Less Time Reading," American Psychological Association, accessed October 1, 2019, https://www.apa.org/news/press/releases/2018/08/teenagers-read-book.

6. Sherry Turkle, *Reclaiming Conversation: The Power of Talk in a Digital Age* (New York: Penguin, 2015).

7. Thomas Carothers & Andrew O'Donohue. "How to Understand the Global Spread of Political Polarization," Carnegie Endowment for International Peace, accessed November 21, 2019, https://carnegieendowment.org/2019/10/01/how-to-understand-global-spread-of-political-polarization-pub-79893.

8. James Eglinton, "Populism vs. Progressivism: Who Knows Best?" *Christianity Today*, November 20, 2018, accessed August 21, 2019, https://www.christianitytoday.com/ct/2018/november-web-only/politics-polarization-populism-vs-progressivism-who-knows-b.html.

9. Dr. Nathan O. Hatch, "The Political Captivity of the Faithful," https://rap.wustl.edu/video/the-political-captivity-of-the-faithful.

10. 나중에 자세히 다루겠지만, 여기서 ('철수'와 '동화'와 '권력'이라는 키워드로 언급된) 문화에 대한 세 가지 접근 방식은 제임스 헌터의 논의를 따른 설명이다. 그는 세 가지 접근을 '문화로부터의 순결성', '문화에 대한 적실성', '문화에 반대하는 대항성'으로 표현했다. 그리고 '문화 속에 남아 있는 신실성'을 대안으로 제시했다. 이는 기독교인이 문화로부터 철수하기보다 공적 영역 속에 남아야 하며, 이때 신실하고 담대하게 자신의 신앙을 밝히면서 섬기

는 자세를 갖추고 공동선을 추구해야 한다는 의미를 담고 있다. James D. Hunter, *To Change the World: The Irony, Tragedy, and Possibility of Christianity in the Late Modern World* (Oxford, 2010).

11. Larry Hurtado, *Destroyer of the Gods* (Baylor, 2017). 래리 허타도, 《처음으로 기독교인이라 불렸던 사람들》(이와우 역간). 아래에서 설명하게 될 '공적 영역에 남아 있는 신실한 기독교인' 섹션도 함께 참고하기를 바란다.

12. 이러한 논점과 관련하여 필자의 설명을 구성하는 데 다음과 같은 자료가 도움이 되었다. Charles Taylor, *Sources of the Self: The Making of the Modern Identity* (Harvard University Press, 1989). 찰스 테일러, 《자아의 원천들: 현대적 정체성의 형성》(새물결 역간). *A Secular Age* (Harvard University Press, 2007). Robert Bellah, *Habits of the Heart: Individualism and Commitment in American Life* (University of California Press, 1985). 로버트 벨라(외), 《미국인의 사고와 관습》(나남 역간). Philip Rieff, *The Triumph of the Therapeutic: Uses of Faith After Freud* (Intercollegiate Studies Institute, 1966). Alasdair MacIntyre, *After Virtue: A Study in Moral Theory* (University of Notre Dame Press, 1981). 알래스데어 맥킨타이어, 《덕의 상실》(문예출판사 역간). Bob Goudzwaard & Craig G. Bartholomew, *Beyond the Modern Age: An Archaeology of Contemporary Culture* (IVP, 2017). 마지막 자료는 현재 다루고 있는 논점을 기독교인의 관점에서 유용하게 정리해 놓았다.

13. Michael Green, *Evangelism in the Early Church* (Eerdmans, 2004).

14. *Spiritual Conversations in the Digital Age: How Christians Approach to Sharing Their Faith Has Changed in 25 Years* (Barna Group, 2018).

15. Alan Noble, *Disruptive Witness: Speaking Truth in a Distracted Age* (IVP, 2018).

16. Larry Hurtado, *Destroyer of the Gods* (Baylor, 2017). 래리 허타도, 《처음으로 기독교인이라 불렸던 사람들》(이와우 역간).

17. *The Works of the Emperor Julian*, Vol. III (Loeb Classical Library, 1913).

18. Richard Bauckham, *Bible and Mission: Christian Mission in a Postmodern World* (Grand Rapids: Baker, 2003), 9.

19. Tim Keller, *Generous Justice: How God's Grace Makes Us Just* (Penguin Books, 2016). 팀 켈러, 《팀 켈러의 정의란 무엇인가》(두란노 역간).

20. 웨스트민스터 신앙고백 20장을 참고하라.

21. Kyle Harper, *From Shame to Sin: The Christian Transformation of Sexual Morality in Late Antiquity* (Harvard University Press, 2016).

22. '대항적 교리 문답'(counter-catechesis)은 앨런 제이콥스(Alan Jocobs)가 사용한 표현이다. "Dare to Make a Daniel," *Snakes and Ladders*, September 19, 2018, accessed August 21, 2019, https://blog.ayjay.org/dare-to-make-a-daniel.

23. 오늘날 주된 문화적 내러티브를 어떻게 복음으로 검증하고 해체할 수 있는지 그 예를 보기 원한다면, Tim Keller, *Preaching: Communicating Faith in an Age of Skepticism* (Penguin Books, 2016)

5장을 참고하라. 팀 켈러, 《팀 켈러의 설교》(두란노 역간).

24. James D. Hunter & Ryan S. Olson, *The Content of Their Character: Inquiries Into the Varieties of Moral Formation* (Finstock & Tew, 2017).

25. James. K. A. Smith, *Imagining the Kingdom: How Worship Works* (Baker Academic, 2013). 제임스 스미스, 《하나님 나라를 상상하라》(IVP 역간).

26. Lesslie Newbigin, *Lesslie Newbigin, Missionary Theologian: A Reader* (Eerdmans, 2006), 118.

27. Elizabeth Bruenig, "In God's Country: Evangelicals View Trump as Their Protector. Will They Stand by Him in 2020?" *The Washington Post*, August 14, 2019, https://www.washingtonpost.com/opinions/2019/08/14/evangelicals-view-trump-their-protector-will-they-stand-by-him.

28. Lesslie Newbigin, "Can the West Be Converted?" (St Colm's Education Centre and College, 1984).

29. Lesslie Newbigin, *Foolishness to the Greeks: The Gospel and Western Culture* (Eerdmans, 1988).

30. Richard Lovelace, *Dynamics of Spiritual Life: An Evangelical Theology of Renewal* (IVP Academic, 1979).

31. Langdon Gilkey, *Shantung Compound: The Story of Men and*

Women Under Pressure (Harper & Row, 1966), 193. 《산둥 수용소》(새물결플러스 역간).

32. "Why People with No Religion Are Projected to Decline as a Share of the World's Population," Pew Research Center, April 7, 2017, https://www.pewresearch.org/fact-tank/2017/04/07/why-people-with-no-religion-are-projected-to-decline-as-a-share-of-the-worlds-population.